教育信息化背景下高校管理创新

于 靓 ◎ 著

吉林出版集团股份有限公司

版权所有　侵权必究

图书在版编目（CIP）数据

教育信息化背景下高校管理创新 / 于靓著. — 长春：吉林出版集团股份有限公司，2024.5
ISBN 978-7-5731-5049-3

Ⅰ. ①教… Ⅱ. ①于… Ⅲ. ①高校管理－研究 Ⅳ. ①G647

中国国家版本馆CIP数据核字（2024）第104639号

教育信息化背景下高校管理创新
JIAOYU XINXI HUA BEIJING XIA GAOXIAO GUANLI CHUANGXIN

著　　者	于　靓
出版策划	崔文辉
责任编辑	徐巧智
封面设计	文　一
出　　版	吉林出版集团股份有限公司
	（长春市福祉大路5788号，邮政编码：130118）
发　　行	吉林出版集团译文图书经营有限公司
	（http://shop34896900.taobao.com）
电　　话	总编办：0431-81629909　营销部：0431-81629880/81629900
印　　刷	廊坊市广阳区九洲印刷厂
开　　本	710mm×1000mm　1/16
字　　数	210千字
印　　张	13
版　　次	2024年5月第1版
印　　次	2024年5月第1次印刷
书　　号	ISBN 978-7-5731-5049-3
定　　价	78.00元

如发现印装质量问题，影响阅读，请与印刷厂联系调换。电话 0316-2803040

前　言

随着信息技术的迅猛发展，教育信息化已成为推动高等教育改革与创新的重要动力。高校作为人才培养和科技创新的摇篮，其管理模式的创新对提升教育质量、促进学术进步具有举足轻重的意义。因此，在教育信息化背景下探讨高校管理创新，不仅是适应时代发展的必然要求，也是推动高等教育内涵式发展的重要途径。

教育信息化为高校管理创新提供了广阔的空间和无限的可能。信息技术在高校管理中的应用，不仅提高了管理效率，降低了管理成本，还使管理方式更加灵活、便捷。如，通过建设数字化校园，可以实现教学资源的共享与优化配置；通过大数据分析，可以精准把握学生需求，提升教育服务的个性化水平；通过在线教育平台，可以打破时空限制，推动教育的普及与均衡。这些信息化手段的运用，使得高校管理更加科学、高效、智能。

教育信息化背景下高校管理创新也面临着诸多挑战。一方面，信息技术的更新换代速度极快，高校需要不断更新管理理念、提升技术应用能力，以适应信息化发展的趋势。另一方面，高校管理创新涉及方方面面，需要协调各方利益、克服各种困难，推动改革的深入进行。高校管理创新还需要关注教育公平与质量问题，确保信息化手段的运用能够真正惠及广大学生，提升教育质量。

教育信息化背景下高校管理创新是一个复杂而又紧迫的课题。我们需要以开放的心态、创新的思维、务实的作风去迎接这一挑战，进而推动高校管理创新不断取得新的成果和突破。

目 录

第一章 信息化的深度解读 ... 1
第一节 信息化的本质与内涵 ... 1
第二节 信息化管理 ... 10
第三节 教育信息化 ... 15

第二章 教育信息化与高校管理新探 ... 19
第一节 高校组织的特性及信息技术的特征分析 ... 19
第二节 高校管理对教育信息技术的迫切需求 ... 23
第三节 教育信息化背景下高校管理的优化之道 ... 24

第三章 教育信息化背景下高校教育管理过程 ... 32
第一节 高校教育管理过程的特点与基本环节 ... 32
第二节 高校教育管理过程中的沟通、协调与控制 ... 40
第三节 高校教育管理过程中的激励机制 ... 54

第四章 教育信息化背景下高校教学管理机制的构建 ... 68
第一节 高校教学管理信息化的发展趋势 ... 68
第二节 构建高校教学管理信息化新模式 ... 90
第三节 教育信息化背景下高校教学管理机制构建 ... 99

第五章 教育信息化背景下高校学生事务管理机制的构建 ... 107
第一节 高校学生事务管理信息化的内涵 ... 107
第二节 信息化发展对高校学生事务管理的影响 ... 119

第三节　教育信息化背景下高校学生事务管理机制 125

第六章　教育信息化背景下高校教学管理模式创新路径 138
　　第一节　高校教学管理创新的必要性 138
　　第二节　教育信息化背景下高校教学管理创新 142
　　第三节　慕课背景下高校教学管理创新 148

第七章　信息安全与风险管理 164
　　第一节　教育信息安全框架 164
　　第二节　数据合规性 171
　　第三节　网络安全与防范措施 175
　　第四节　突发事件应急预案 183
　　第五节　信息安全文化建设 192

参考文献 201

第一章 信息化的深度解读

第一节 信息化的本质与内涵

信息化的出现不是偶然的,它是全球经济和社会发展的大趋势,是顺应经济和社会发展的内在规律,是在社会经济、政治、科学取得巨大成就的前提下产生的。从人类社会发展的内在规律来看,信息化是在科学技术高度发展,尤其是在电子信息技术引发信息革命的条件下产生的,是人类寻求本身发展、化解社会矛盾、对社会生产关系进行调节的产物。

信息化以计算机为主的信息技术为生产工具,依托强大的网络技术,将信息化生产工具转换为新的生产力,应用在社会经济的各个领域中,利用信息技术处理方法实现信息资源共享,从而推动社会经济各个领域的快速发展。信息化是一个不断累积的信息技术发展过程,人的信息化、企业的信息化、国家的信息化将极大地提升国家现代化水平、企业的运行效率,改变人们的生活方式。

一、信息化发展的基本趋势

信息化的发展趋势可以从技术、经济、社会等多个角度进行考察,从技术的角度看信息化的发展,表现在从数字化向网络化的发展趋势上,信息技术的更新和计算机的发展是密切联系的。在现代社会中,只有精密的计算机系统才能满足人们对信息智能化、自动化、多元化的需求,但是如果信息处理终端彼此是隔离的、孤立的,则难以满足信息资源共享的要求,也会给数字化本身带来制约。社会发展对网络传输的内容和质量提出了更高的要求。由数字化向网络化发展反映了技术和应用发展的必然趋势。

网络发展大致可以划分为三个阶段：基础设施建设阶段、网络软件及服务系统化阶段和网络内容应用阶段。按照这个分类方法，我国信息化发展目前处于网络基础设施建设阶段的中期，部分进入了网络软件及服务系统化阶段的初期，信息化已经遍布政治、经济、教育等各个领域，总体上处于网络化信息内容应用的初期，还处于迅速发展的过程中。

二、现代信息技术

（一）云计算

1. 云计算的定义

云计算（Cloud Computing）是基于互联网的相关服务的增加、使用和交付模式。"云"是网络、互联网的一种比喻说法，过去经常用"云"来表示电信网，后来也用来表示互联网和底层基础设施。狭义的"云"计算，指IT基础设施的交付和使用模式，指通过网络以按需、易扩展的方式获得所需资源；广义的"云"计算，指服务的交付和使用模式，指通过网络以按需、易扩展的方式获得所需服务。这种服务可以和软件、互联网相关，也可以是其他服务。它意味着计算能力也可作为一种商品通过互联网进行流通。

2. 云计算的特点

云计算可以使计算分布在大量的分布式计算机上，而非本地计算机或远程服务器中，企业数据中心的运行将与互联网更相似。这使得企业能够将资源切换到需要的应用上，根据需求访问计算机和存储系统。

云计算是分布式处理、并行处理、网格计算、网络存储、虚拟化等计算机应用技术发展融合的产物，是依托互联网，面向客户提供安全、快速、便捷的数据存储和网络计算的服务模式，是一种新的IT基础设施的交付和使用模式，是指用户通过互联网络以按需、易扩展的方式获得所需的资源，如基础硬件、系统平台或程序软件等。

3. 云计算在高校建设中的应用

云计算是一种全新的信息技术，它可以将所有信息资源、网络、服务器、存储等集中起来，通过云信息技术将其定义为一个虚拟的服务，然后通过"租赁"

的方式提供给用户。云计算能够推动高校新一代数据中心的建设，有效地节约高校信息化建设的资金投入。云计算从诞生到现在，已经成为最热门的信息技术。"云"的强大已经被公认，而且"云"的潜力还未完全被挖掘和发现。

高校信息化建设自然离不开"云"。如何利用云计算促进高校信息化建设，是目前所有高校面临的新问题。国内外知名的信息服务企业和高校对"云"应用的成功经验告诉我们，云计算已经是高校信息化必不可少的信息、技术应用。

（1）云服务

高校可以利用云计算建设属于自己的私有云，将高校的各种教学资源、软件、硬件都集成在私有云上，它其实也就是高校的数据应用平台。高校的每个用户并不需要有强大的硬件来支持软件的应用，虽然软件本身对硬件的要求很高，但是数据平台集成了强大的超级计算机。高校可以通过私有云大大地减少硬件、网络等设施的采购，降低运营成本。云计算将使高校无须再购买任何软件，也许有一天云计算会使单机版软件成为过去。云服务可以为高校提供大量的、免费的常用软件，如 Office 办公软件，只要高校用户通过 Web 上网，向云服务发出申请并得到专业管理人员的同意，这类云服务都将是免费的。

（2）云存储

存储云是一种采用联想主机层存储虚拟化管理系统，建立存储管理虚拟层，可以在异构或同构存储之间进行镜像和建立统一的存储资源池，实现存储无关性。

高校教师、学生、管理者都可以通过 Web 将各种信息资源上传到高校的私有云数据平台上。高校的任何一个人都可以在任何地点上传和下载信息资源，即使在一个较为老旧的机器上一样也能很快的实现资源共享。在一个云计算的网络中，不论是教学信息资源还是个人的信息资源都可以上传到云存储平台上去，任何时候都不必担心资料丢失和被病毒侵袭，只要能运行 Web 程序就可以随时随地地进行下载和使用。云存储服务有点类似于上传到 FTP 空间一样，但又和 FTP 完全不同。FTP 是一台计算机，而云端是由 N 台超级计算机协同组成的。云存储始终保留多个副本，即使部分计算机系统崩溃也能保证用户的数据正常运行、存储和下载。

存储是信息化管理的核心，在高校构建云存储平台具有极大的意义。

第一，统筹整合，减少投入。使用云存储技术整合高校中的服务器资源，构建统一的资源池，并根据各职能部门的业务需求按需分配资源，可以解决传统独立管理模式中由于资源应用不均而带来的硬件资源浪费及重复投资问题，节省开支。云存储系统可根据部门的业务需求动态分配资源，避免了传统管理中频繁购置设备的问题，仅在所有资源紧张的情况下才进行全系统的投资升级。云存储的虚拟性还可整合多种硬件，充分利用早期设备，达到物尽其用。

第二，统一接口，管理方便。云存储系统使用统一的管理接口、规范的管理方式管理各个底层的存储服务器，大大降低了管理员的工作难度和人员开销。

第三，运行稳定，质量保证。云存储的冗余备份和负载均衡等技术能很好地协调各基层存储设备，杜绝传统模式中系统维护或服务器宕机等带来的服务中断问题，能更好地保证服务的质量和运行的稳定。

（3）云安全

云计算提供了非常安全的数据存储中心，高校用户不用担心存储在云端的信息数据资源丢失、被病毒侵扰，用户也不用担心系统崩溃造成数据丢失。云存储为用户备份了大量的副本，云系统是由N台超级计算机组成的。

（4）云桌面

在高校云计算管理系统应用的过程中，一个基于云桌面设置之下的高校信息化系统的架构模式，通过会议应用服务层面分层结构、客户端层面的云操作系统架构，以及接入控制应用服务等几个方面的系统架构，进行相互协作，协调配合，来完成云操作计算系统，实现高校信息化的应用。

在云计算信息系统的组织架构中，为了相关的系统维护运行便利，系统设计方面维护人员通过各种不同类型的控制终端，通过云操作桌面的操作协议，可以有效访问云数据库中的应用系统和应用程序，并且通过一系列的用户协议可以便捷地进行地址和门户网站的访问。在云系统中访问地址或者门户时，会设置访问均衡性调节的负载器，负载器由用户操作桌面的管理系统进行管理。在管理中，一般会采用微软的AD活动目录来进行控制，并且对操作者身份进行识别和认证。在认证中通过计算机操作桌面系统将认证的结果通过协议定向到随机定制的计算机云操作桌面系统中。高校云计算信息系统通过云计算终端的仿真服务器和虚拟桌面操作程序运行个性化的操作管理系统，通过云计算终端的特定传输协议，将云计算结果和分析数据分发给管理人员相应的终端设备。管理人员通过终端设备将动作协议传送给云操作系统服务器；服务器接收到相应的指令后，运行相关操作，并将计算结果返回给管理终端设备。在高校信息化系统架构中，云计算操作系统采用此种系统架构模式能够提高数据传输和运算中的可靠性,且云系统架构运行维护成本也较低。在云操作运算管理系统中,通过终端灵活传输协议,可以使高校的相关管理人员能够随时对数据进行管理,从而保证云计算对高校信息化管理的实时性。

高校云计算系统架构和组织安排应该通过云桌面的系统架构方式来进行,高校云系统应该采用统一的集中灵活的管理操作模式。在云系统终端维护方面,采用灵活的系统终端运行架构,能够降低云计算运行系统中相关故障维修的费用,在系统操作灵活性和实时性方面也会有所提高,在终端设备管理中能够节省大量的开支,极大地降低日常维护人员的工作量,保证高校信息化管理高效实施。

4. 云计算在高校信息化建设中的优势和问题

云计算已经在许多高校开始应用,云计算的强大功能给高校信息化带来全新的革命。

(1)云计算在高校信息化建设中的优势

第一,大大节省高校信息化建设的资金投入。以往高校信息化建设的资金主要投入软硬件设施购买方面。云计算在高校信息化建设中应用以后,云计算对硬件要求极低,高校只需购买最低配置的设备即可实现高速的信息化运行环境,也避免了升级带来的资金消耗,实现高校资源整合,建立统一的平台。目前高校信息化建设需要建立统一的标准才能实现信息资源共享。而云计算将统一标准、信息化环境的建设、各软件和系统的安装任务都交给了云服务提供商,从而把过去毫无规律的数据接口变成了统一的平台,形成一个与自身操作系统、软件版本、开发环境、服务器配置无关的统一的网络平台,极大地提升了资源共享、软件开发的可行性,大大提高了资源的利用率。

第二,提升了教育信息化质量,提高了办公、管理效率。云计算出现之前,教学信息化质量的提升,办公、管理效率的提高,都需要教职员工提升信息化意识,自觉学习并增强信息化技术能力。而云计算的出现有利于各高校建立拥有丰富教学信息、资源的平台,它可以为教师和学生提供大量的教学信息和资源。高校教职员工只需要登录 Web 系统,就可以随时随地在云端进行学习、办公和管理活动。师生通过相互交流学习,可以进一步提升教育信息化质量。随着云计算的深入应用,无纸办公成为现实,可以随时随地通过云计算快捷地管理、处理工作,极大的提高了高校的办公、管理效率。

第三，提升了信息、资源安全。过去信息安全问题一直困扰着信息安全系统的正常运行，单机服务器的不稳定给信息化建设带来了诸多的不确定因素。云计算出现后，提供了非常安全的数据存储中心，高校用户不用担心存储在云端的信息数据资源丢失和被病毒侵扰，也不用担心系统崩溃、病毒侵扰所造成的数据丢失。

（2）云计算在高校信息化建设中存在的问题

云计算给高校信息化建设带来全新的理念，其强大的功能给高校信息化建设带来很多好处，但是目前掌握云计算技术的人还很少，技术本身和技术应用也有不成熟的方面。所以，云计算的应用目前还处于初期磨合状态。

（二）物联网

1. 物联网的定义

物联网是新一代信息技术的重要组成部分。物联网是通过射频识别、红外感应器、全球定位系统、激光扫描器等信息传感设备，按约定的协议，把任何物品与互联网相连接，从而进行信息交换和通信，以实现对物品的智能化识别、定位、跟踪、监控和管理的一种网络。物联网可以使所有人、所有物品都通过互联网连接起来，方便识别、监管和控制。物联网是继计算机、互联网、移动通信网之后，带给世界信息产业的第三次浪潮。物联网技术是现代信息技术备受关注的焦点，也是当前世界经济、社会进步、科技发展的重要战略制高点。

物联网应用极其广泛，遍及智能交通、环境保护、政府工作、公共安全、平安家居、智能消防和工业监测等多个领域。物联网不是一个简单的信息管理系统，而是一个涉及多种学科领域（如生物、物理、通信、微电子、计算机等）的复杂的信息系统，融合了感知和识别技术、网络通信技术、数据处理技术、信息安全技术等多种技术。

2. 物联网的特点

（1）物联网技术是各种"传感技术"的广泛应用

物联网上装载了大量的、不同类型的传感器装置。传感器能感受到被监测的信息，并将感受到的信息按一定规律转换为电信号或其他所需形式的信息，以满足信息的传输、显示、存储、控制等要求。每个传感器都是一个独立的信息源，不同类型的传感器所捕获的信息内容以及信息格式都是不相同的。传感器按照一定的频率，周期性地采集信息，不断地更新数据。

（2）物联网是一种建立在互联网基础上又区别于互联网的网络，其技术核心和网络基础也是互联网。物联网通过网络连接技术与互联网进行连接，将传感装置感受到的信息实时实地准确地传递给互联网。基于互联网的连接，物联网的信息传输也必须遵守互联网的协议，但是物联网又不是互联网的简单延伸。物联网可以将我们平常所称的互联网向"物"进行延伸，也可以根据实际需求组成局域网，如，我们想把生活的小区建成一个智能、安全的具有物联网功能的小区，而此时的物联网没有必要连接到互联网，只需要连接到小区组建的局域网即可完成物联网的功能建设。

（3）物联网技术具有智能处理能力

物联网技术不仅包括"传感器"的连接，其本身也具备对传感装置感受到的信息进行智能处理的能力，并且能够对人、物体等进行实时的智能控制和有效监管。物联网是传感技术、信息技术、智能处理技术的结合。物联网技术根据不同用户的不同需求，通过"传感器"收集相应的信息，然后利用模式识别、云计算等各种现代化信息技术对收集的海量信息进行分析和处理，将处理结果反馈给用户，从而实现实时控制和监管。目前，物联网对信息的智能处理功能已应用到社会发展的各个领域。

3. 物联网在高校建设中的应用

我国对物联网技术的研究开始较早，研究水平也位居世界前列。2009年9月，无锡市与北京邮电大学就传感网技术研究和产业发展签署合作协议。2009年9月10日，全国高校首家物联网研究院在南京邮电大学正式成立。目前，物联网在高校校园中已得到广泛应用，其中射频识别（Radio Frequency Identification，RFID）技术使用特别广泛，如借阅证、就餐卡、门禁卡等。

我国高校对物联网的研究和应用已经初见成效，从对物联网开设相关课程、建立物联网实验室，到建设物联网智能图书馆、利用物联网对学生进行有效管理，再到利用物联网技术建设平安校园，物联网技术的应用已经涉及多个领域。

（1）在教学领域的应用

高校信息建设的核心是教育信息化建设。为了加快我国新兴产业人才的培养速度，教育部在2011年审批通过了140个与战略性新兴产业相关的本科新专业。

在新增本科专业名单中,"物联网"成为最大热门,37所高校获批开设相关专业。目前,我国高校物联网的教学内容主要包括物联网的基础知识、物联网的原理和核心技术、物联网技术开发和行业应用等方面。

目前,高校除了已经成立物联网研究学院,开设相关专业,还通过物联网技术提高高校的教学质量。过去影响教学质量提升的关键因素是教师和学生之间缺乏沟通,教师无法及时掌握学生的学习情况。如今可以通过给学生配置一个带有传感功能的装置,及时向教师传递学生的学习感受和心理变化,教师再根据接收到的信息及时地调整教学进度,从而加强师生的及时交流和沟通,提高教学质量。

为了让学生更好地掌握物联网知识,提高学生对物联网在相关行业的实际开发和应用能力,部分高校已经开始建立物联网综合仿真实验室。学生可以通过物联网仿真实验室掌握物联网基础知识、物联网核心技术的应用,通过物联网核心技术开发和提出相应的解决方案,通过仿真案例教学的方式进一步掌握物联网的知识和应用能力,从而激发学生对物联网的兴趣,有利于将学习到的理论应用到实践中。

(2)建立高校智能图书馆

目前,我国高校对物联网中的RFID技术的应用研究已经越来越普及。物联网中物与物之间的信息交换,其实质就是利用RFID技术,通过网络信息传输实现物品的自动识别和信息交换。部分高校已经利用RFID技术建设高校智能图书馆。

随着高校的发展,高校的规模不断扩大,图书馆的藏书量也逐年增加,传统的图书条形码管理方法使得图书的归纳、整理、查找工作相当烦琐,浪费了图书馆工作人员大量的时间。如今部分高校利用物联网技术建设了高校图书馆智能管理系统,通过RFID技术,在图书馆的每一本图书上放置一个RFID标签,图书馆工作人员只需将贴有RFID标签的图书信息录入图书馆智能管理系统,然后在图书背面贴上根据图书类型划分的图书放置的电子标签,就可以轻松地完成图书归纳和后期的整理工作。同样,高校的教职员工、学生可以通过图书馆智能管理系统的检索功能迅速查找图书所放置的位置,然后通过图书馆智能管理系统的自助服务系统完成借阅、归还操作。通过自助服务系统借阅的图书,能顺利地通过图书馆的安全门禁系统,从而完成自助借阅、归还。

高校基于 RFID 技术建立的图书馆智能管理系统，不仅大大提高了高校图书馆工作人员的工作效率，简化了教职员工、学生查阅、借还图书的程序，还充分利用了高校图书馆的文献资料，为高校提升教育质量提供了良好的信息环境。

（3）在高校管理中的应用

目前，物联网在高校管理中应用最多的是学生管理、后勤服务管理和安全管理。

第一，学生管理。学生管理是高校管理中最为重要的管理任务，以确保正常的教学秩序。随着物联网传感技术、RFID 技术的出现，学生管理将比过去变得更加可靠。学生入校时，高校可以在学生的"一卡通"上添加 RFID 标签（没有"一卡通"系统的高校可以使用学生证），对学生的位置进行实时监控。当学生进入危险区域时，管理系统会向学生发出警告并及时通知高校的安保部门，从而减少高校学生发生安全事故的可能，最大限度地保证学生的生命安全。除对学生进入危险区域进行预警外，高校还可以通过对学生的实时位置监控，统计学生按时上课、晚上回到寝室的人数，方便对学生的日常教学管理。

第二，后勤服务管理。利用物联网核心技术对高校进行后勤服务管理也是物联网技术在高校建设中的重要应用。利用物联网核心技术中的传感技术可以对教室环境进行实时监控。通过在高校的每间教室中放置传感装置，可以实时对光线、温度等教室环境进行检测，并根据先前设定的参考数值自动调节教室的光线、空调风扇等设备。同样，高校可以利用物联网的核心技术对高校日常运行设备，如日光灯、电梯、电脑、水电气设备等进行实时监管，并进行自动控制。当处于无人状态时，自动关闭设备；当需要运行时，自动运行设备。不仅可以对设备进行有效、合理的管理，而且可以节省高校的运行经费。

第三，安全管理。如今高校的校园面积越来越大，进出学校的人数越来越多，学生人数逐年增加，高校的安全压力也日益增大。目前，许多高校利用物联网技术建设了平安校园系统。平安校园系统主要由设在校园围墙上的监测装置（如红外收发器、振动传感器、接近感应线等）、报警器及设在终端控制室的报警控制主机等构成。在布防状态下，一旦有人以非正常方式、时间、路径企图跨越围墙，即发出警报。利用物联网技术建立重点区域的门禁系统，也可以保护高校设备、人员的安全。当安全系统监测到危险时，就可以对人员进行预警或者关闭门禁系统，从而确保学校的财物、设备不能私自随意被带出校园。

4. 物联网在高校信息化建设中的优势

综合物联网在高校信息化建设中的应用，其优势如下：

（1）可以促进师生之间的交流与互动，使教师及时掌握教学进度和难易程度，从而提高高校的教学质量。

（2）建立高校智能图书馆，不仅提高了高校的服务效率，还丰富了高校图书馆的文献资料，为高校提升教育质量提供了良好的学习、信息环境。

（3）方便对学生进行日常教学管理，不仅可以对设备进行有效、合理的管理，还节省了高校的运行经费，同时使高校校园变得更加安全。

第二节　信息化管理

一、信息化管理的概念

一般对信息化管理的概念有两种理解：一种是对管理过程实施信息化，也就是说把信息技术手段和信息资源充分运用到管理过程中，以提高管理效率，减少管理层级，促进组织结构扁平化，降低管理成本；另一种信息化管理是对组织信息化的全过程进行管理。

不管是哪一种理解，到目前为止，还没有一个相对统一的关于"信息化管理"的概念描述。但是，我们可以基于第一种理解对这一概念所应包含的内容做以下分析：

第一，信息化是一个过程概念，而管理同样是一个过程概念，所以是使用一个过程概念（信息化）限定另一个过程概念（管理），是将一个过程（信息化）运用到另一个过程（管理）当中去的过程。

第二，信息化管理工作是充分利用信息技术广泛深入地挖掘和应用管理过程中的一切信息资源来提高管理效率的过程，是信息化手段在管理过程中的应用。

第三，信息化管理不是泛化的概念，应该是在一定的组织内部进行的。

第四，信息化管理也应该由一定的组织进行统一协调、规划和组织实施。

根据以上描述，我们认为，所谓信息化管理，就是在组织的统一协调、规划和组织下，在管理过程的各个环节充分利用信息技术，广泛开发信息资源，以提高管理效率，减少管理层级，促进组织结构扁平化，降低管理成本的过程。

需要注意的是，信息化管理并不是简单地用计算机程序代替原有的管理过程，而是要对原有的工作流程进行系统分析，在保证组织目标能够顺利、高效、保质保量完成的情况下，重新进行组织、调整，从而使整个工作程序更加合理。在重新组织调整的过程中，要充分考虑信息技术和信息资源的便利、高效等因素，把能够用信息技术处理的部分编写成信息系统，把相关的资料等信息数字化。简言之，信息化管理不是一"化"了之，完全不需要人的参与，全盘否定传统的管理方式、方法，而是作为辅助手段，促进管理朝着更加科学、高效、快捷、便利的方向变革。

信息化管理包括信息化建设管理和信息化应用管理两大领域。信息化建设管理就是对信息化建设的全过程进行管理，即对是否进行信息化建设、信息化建设达到什么目标、如何高效地进行信息化建设等实施规划、组织、监督和调控。信息化应用管理包括对信息化应用过程和信息化建设成果进行管理，即在信息化项目开展过程中或信息化项目建设完成投入使用后，对信息化项目或系统应用全过程进行管理，以保证信息化建设成果得到广泛、有效和安全的应用。信息化建设管理与信息化应用管理相辅相成，缺一不可。信息化建设管理是信息化应用管理的基础和前提，信息化应用管理是信息化建设管理的延续和深化。

二、信息化管理的内容

信息化管理内容广泛。从信息化管理的对象来看，有信息基础设施建设与应用管理、信息系统建设与应用管理、信息资源建设与应用管理、信息化保障体系建设与运行管理；从信息化管理的范围来看，有国家信息化管理、地区信息化管理、行业信息化管理、社会组织信息化管理；从信息化管理的职能来看，有信息化战略规划、信息化组织实施、信息化工程监理、信息化应用调控、信息化管理创新、信息化绩效评价等；从信息化管理的手段来看，有行政手段（如信息化管理体制、信息化政策与制度）、法律手段（如信息化法规、标准）、经济手段（如信息化建设财政拨款、资金融通、税收调节）、技术手段（如信息系统开发与应用）。下面从信息化管理的职能角度阐述信息化管理的内容体系。

（一）信息化战略规划

信息化战略规划是在分析一定范围内的发展战略或一个组织经营管理战略的基础上，采用科学的信息化战略规划方法，对区域信息化、行业信息化或组织信息化建设与应用的愿景、使命、目标、战略、原则、架构和进程等进行的筹划与设计。信息化战略规划方案是信息化建设的基本纲领和总体指向，是信息系统设计和实施的前提与依据。信息化建设与应用是一项相当艰巨复杂的系统工程，能否制定科学、合理的信息化战略规划方案，往往决定着信息化的成败。信息化战略规划是信息化管理的首要环节。而制定科学、合理的信息化战略规划方案，既需要懂信息技术又熟悉业务的复合型信息化管理人才，也需要科学的规划方法，更需要组织决策层的领导和支持。

（二）信息化组织实施

信息化组织实施是组织信息化项目或信息系统的实施。具体地说，信息化组织实施就是在信息化战略规划的指导下，组织人力、物力和财力，对信息化项目过程的启动、实施、收尾等各个环节进行指导和监控，具体完成各类信息化建设任务。信息化组织实施不是从技术角度进行信息系统的设计和实施，而是从管理角度对信息系统的设计和实施进行管理。其具体内容包括信息化项目的需求分析、可行性分析及立项管理，选择信息系统开发方式并实施信息系统开发外包管理，选择合适的信息系统开发方法并对信息系统设计进行管理，对信息技术设备采购、招标和验收进行管理，对信息系统进行测试、评价和验收。信息化组织实施涉及面广，时间跨度较大，是信息化管理的中心环节。

三、信息化管理的作用

（一）是管理系统各要素和各层次之间联系的纽带

管理活动是在与他人的联系和沟通中生存和发展的，人们的联系和沟通就是通过信息的桥梁来进行的。从整体上看，行政组织职能的实现与信息管理的联系并不明显，但是稍作分析就会发现，信息具有凝聚、协调、序化的作用，只有依靠信息在组织内的传播，才能把组织的各个部分联系、协调起来，使组织的活动从无序到有序进行，进而富有成效，成为实现组织目标的统一行为。

（二）是保证科学计划和科学决策的前提

计划和决策都是管理的基本职能，科学的计划和决策必须以全面了解情况和掌握信息为依据。这是对决策者和计划人员的基本要求，是计划切实可行的必要保证，也是做出正确决策和判断的基本前提。如果不对管理活动的信息进行全面收集和整理，就会导致计划和决策的主观性和盲目性。没有足够的信息，就没有科学的预测，也就没有科学的计划和决策。信息处理上的偏差，将直接导致预测结果的偏差，进而造成计划和决策的失误。

（三）是管理系统控制的主要依据

控制是管理的一项重要职能。任何有效的系统控制都必须先掌握管理的目标和任务，随后依靠计划和决策的要求，确定系统运行的正确轨道，使其始终指向所确定的目标。如果没有管理目标和任务的信息，没有计划和决策的信息，任何管理活动都将无法控制。在实际管理过程中，正是根据反复不断的信息输入、输出和反馈，活动才得到及时调整，始终按照预定的轨道顺利发展。

（四）是管理系统监督的必要条件

行政监督的种类很多，有一般监督、立法监督、司法监督、社团监督、公民监督和舆论监督等。不论是哪一种监督，都有一个调查程序，都要在立案之后实施调查、收集证据，并进行分析审理，从而判断是否违反行政纪律。这实际上就是信息采集、信息加工的过程。

四、信息化管理的发展趋势

（一）进一步优化结构，减少投资浪费

加强信息化管理，通过合理的信息化战略规划、科学的信息化组织实施和有力的信息化工程监督，可以在提高人们对信息化认识的基础上，根据国家、区域、行业或社会组织的信息化需求，合理安排信息化投资，正确使用信息化建设资金，进而减少信息化建设与应用过程中的资金浪费，保证信息化建设与应用的经济性。

（二）促进流程重组，推动管理创新

信息化的建设和发展不仅是信息和网络技术的应用问题，更重要的是管理理念的转变、管理方式的创新和业务流程的重组问题。传统的管理理念、组织结构和业务流程难以充分发挥信息化的作用和效果。

信息化应用与管理创新相辅相成，要真正发挥信息化的作用，就必须把信息系统和信息技术作为改进管理方式方法的前提和基础。加强信息化管理，可引发和促进信息资源理念、开放共享理念等现代管理理念的形成，真正实现业务流程和管理流程的重组。

（三）加强协调共享，消除"信息孤岛"

有些部门之间的信息系统设计、实施缺少总体规划，一些行业缺乏统一的信息化技术标准和服务规范，形成了区域之间、行业之间的宏观的"信息孤岛"，数据难以统一协调，区域之间、行业之间难以实现信息资源共享。一些社会组织的信息系统是在现有的管理模式上建立起来的，是一些分散的业务处理系统，这些系统面向具体部门和业务，数据库根据人工报表建立，数据流程模仿手工业务流程，信息编码也没有采用统一标准，形成了内部的"信息孤岛"，无法实现信息资源共享。

加强信息化管理，建立健全信息化管理体制，制定和执行宏观、中观和微观各个层次协调的信息化战略规划，拟定和执行统一的信息化建设标准和政策法规，可以减少甚至避免或消除信息化建设过程中的"信息孤岛"，进而实现社会组织内部各部门之间、区域之间、行业之间的信息资源共享。

第三节 教育信息化

一、教育信息化内涵释义

（一）教育信息化的概念

教育信息化通俗来说就是一个过程，与"教育现代化"类似，都是教育发展的一个阶段。它又是一项工作，大部分是建设项目，如农远工程、校校通、三通两平台等。教育信息化行业已经走过前期地基构建和市场培育阶段，正逐步迎来蓬勃发展期。无论是早教、中学、高等教育，还是成人教育，我们每个人都在接受和适应这样一种教育形式的转变。教育理念和教学形式正在发生较大改变，教育质量有了显著提高。

目前，教育信息化行业人才缺口大，准入门槛并不高，已形成完善的教育培训体系。教育信息化是一个比较大的概念，其核心是怎样通过数字化的形式帮助教师提高教学水平，这就要求教师不断地去改变教学思路，多使用信息化工具，学会利用优质教学资源，参与教研活动，如基于课题研究的翻转课堂等。

（二）教育信息化的目的

使用信息网络特别是信息化手段来改善教育，是教育面临的共同挑战。从各国特别是发达国家的教育信息化进程来看，教育信息化的目的一般可以总结为四个方面。

1. 教育信息化的功利目的

教育信息化能够评估技术能力以及与技术使用相关的社会、政治、道德、组织和经济原则等，为未来的社会做好准备，让学习者灵活地使用信息与通信技术，具有广泛的灵活性，以适应未来的技术变革。

2. 教育信息化的社会目的

鼓励学习者获得适当的社交技能，这对在信息化的环境中进行协作教学和协作学习至关重要。能够确保没有丰富信息技术的学习者具有信息素养，促进学习者之间更好地进行沟通，从而促进更广泛的社会理解与和谐。能够确保所有学习者参与学习的公平性，并为所有学习者提供足够的机会来解决学习和工作上遇到的问题，从而提高质量和效率。

3. 教育信息化的文化目的

帮助学习者了解丰富的文化遗产，鼓励学习者了解文化的各个方面，提高他们的文化素养，帮助他们成为现代社会的文化公民。

4. 教育信息化的个人目的

鼓励学习者培养在信息环境中独立学习的、至关重要的个人技能。最大限度地提高学习者的能力，增强其对知识的获取能力，并帮助学习者专注于更高级的认知任务。帮助有特殊需求的学习者融入学校和社会，增强独立性，培养技能和兴趣。

（三）教育信息化的内容

教育信息化是信息技术在教育教学中的广泛应用，其内容主要包括以下几个方面。

1. 维护教育信息环境

好的环境对教育来说有着至关重要的作用，其标准含义为影响受教育者行为的氛围条件，以及用于储存、运行、共享信息的环境。为提高教育信息化发展质量，科研人员需要对各种教育和学习支持系统以及教育设施进行管理。

2. 搭建资源管理平台

资源能否得到高效筛选与分类，很大程度上取决于资源管理平台的能力。与教育相关的资源管理应以信息化为基础。相较于环境的建设，资源在教育中的应用有着更大的效果，资源开发与管理方面的不断延伸要始终贯穿于整个教育过程中。

3. 人才培养

教育信息化技术的发展方向是促进高质量教育和培养创新型人力资源。21世纪以来，人力资源应该具备的基本素质之一就是信息技术技能。教育信息化应该使所有受教育者掌握一定的信息能力，从而提高整个国家的信息能力。这是实现国家信息化的重要基础和保障。教育和信息技术必须培养大量的信息技术人才，从而为社会生活的各个方面提供信息化服务。

（四）教育信息化的意义

教育信息化对教育和教育的发展至关重要，包括以下方面。

1. 教育现代化的基础

信息化发展是现代教育的重要组成部分，是步入现代化的关键步骤。若不重视其发展，实现教育现代化的步伐就会减慢甚至停滞不前，所以其对教育事业的发展至关重要。

2. 有利于提高国民素质

教育信息化在一定程度上打破了受教育者的时间和空间限制，将接受教育的时间和地点所需要满足的条件消除。这样的发展过程，带来了很多好处。由于限制被消除，人们可以随时随地接受知识的熏陶，"活到老，学到老"的思想在教育信息化发展过程中得到体现。教育信息化也促进了教育平等化的发展和各地区优质资源整合，每个地区的人都能接受同等的教育。教育信息化对提高国民素质至关重要。

3. 创新型人才的摇篮

教育信息化打开了教育与科技相结合的大门，将科技创新大量运用于现代教育之中。随着科技的进步，教育也得到快速发展，为创新型人才提供了受教育的环境，节省他们整合资源的时间，使其工作效率以及解决问题的效率得到提高，这对培养创新型人才也是相当重要的。

4. 实现教育理论创新

教育信息化是教育的一个重要变化。在这个过程中有许多问题，解决这些问题将有效促进教育理论的发展。教育信息化过程是信息技术在教育中不断应用的过程，这一过程中的许多问题和现象往往需要用信息论和方法论来解决，以便获得更深的理解。在这个阶段，一个新的教育信息发展领域诞生了。科学数据研究是一种利用数据科学理论研究广泛学习过程的研究方法，是一种教研理论的创新。

5. 提高教育信息化产业发展水平

信息技术在教育教学过程中广泛应用。在这个过程中，它将极大地促进教育和信息产业的发展。在我国数万所学校里，教育信息得到了充分应用，给我国信息产业和经济发展创造了有利条件，同时也带来了巨大的发展机遇。

二、教育信息化对高校管理的作用

我国传统的高校教学管理已经不能满足高校发展的需要，这就使得教育信息化管理日渐兴起。而作为高校教育的重要一环，高校的教学管理必须受到重视，在这种背景下，对教育信息化在高校管理中的作用进行相关研究，就有着重要的现实意义。

（一）提升高校管理效率

传统的高校管理存在信息反馈慢、出错率高、信息偏差率大等问题，高校教育信息化管理凭借先进的信息化手段，大大提高了管理效率，对以往传统高校管理中无法处理的繁杂信息，能够通过信息化手段轻松解决，这种管理手段对高校发展有着强大的推动作用。高校教育信息化管理凭借创建的管理系统，能够很好地进行高校各方面的相关管理，如，在高校图书馆的管理中，通过这一系统能够轻松实现图书的高效查询与借阅。这一管理系统还能够通过互联网进行高校内部各部门之间的即时沟通，这种即时沟通将进一步提高高校管理效率。

（二）提升教学应变能力

高校教育信息化管理还能够起到提升高校教学应变能力的作用。在我国当下的高校教学中，面对社会就业竞争的不断加剧，高校都希望能通过自身的教学，提高学生的综合素质，以保证学生能够在竞争激烈的社会中谋求发展之路。为此，我国高校往往会对自身教学管理的组织结构进行调整，以便更好地培养符合社会需求的人才。我国高校管理人员还会通过对社会发展的预测，结合教育信息化进行自身教学组织形式的快速调整。这种调整由于利用了信息化技术，使得高校能够在众多数据的辅助下，较好地进行社会发展的相关预测，非常有利于高校的发展。在我国高校中，学分制已经成为主流的教学管理模式，而这一模式能够通过信息化的教学管理系统进行较好的管理，从而大大提高管理质量和效率。

高校教育信息化管理在很大程度上促进了高校的管理发展，有效提升了高校的教学质量。在这种情况下，高校必须通过教育信息化管理，对自身的教学管理工作进行革新，以培养社会发展需要的有用人才。

第二章 教育信息化与高校管理新探

第一节 高校组织的特性及信息技术的特征分析

一、高校组织的特性

研究高校管理，必须明确高校作为一种组织的类型和特性，这是前提和基础。从性质上讲，高校是不以营利为目的的非经济性组织；从形式上讲，高校是有明确的组织目标和运行机制的正式组织。高校与其他组织存在一些共同之处，都是在社会分工基础上产生的专门化组织，大都实行科层制管理等。但是高校的使命和目标决定了高校具有其他组织所没有的组织特性，如教育性、学术性、复杂性、多样性、松散性和矛盾性等。

（一）教育性和学术性

自诞生之日起，高校就是一个保存、传递、发展高深学问的场所，教育性和学术性是它与生俱来的根本特性。英国教育家约翰·亨利·纽曼认为，大学是传授普遍知识的地方。美国著名教育家约翰·S.布鲁贝克在《高等教育哲学》一书中也有明确的论述，强调大学传播高深学问。西班牙著名思想家奥尔特加·加塞特在《大学的使命》一书中明确提出，大学首先应该把普通人培养成有文化修养的人，使他们达到时代标准所要求的高度。由此可以认为，高校的基本功能是教授重要的文化知识。高校通过利用人类智慧所发明的最经济、最直接和最有效的步骤和办法，可以将普通人培养成优秀的专业人员，如医生、教师等。

高校的学术性和教育性是相伴产生的。纵观高校发展史，其外部生存环境在变，不断受到政治、经济等外部环境的影响和制约，但高校作为学术性组织的本质始终未变。由此可见，高校的首要、根本特性是教育性和学术性，然后才是社会服务等其他延伸特性。

（二）复杂性和多样性

高校应该是迄今为止最具复杂性和多样性的社会组织。

高校组织的复杂性主要表现在以下四个方面。

1. 组织活动复杂

高校的发展使命和目标是保存、传递、发展高深学问，这不是一般性活动，而是具有艰巨性、长期性、创造性的科学活动和智力活动。

2. 组织成员复杂

这是由劳动的性质所决定的。高校工作人员是一群对自己的专业知识和思想有一种庄严的敬意，不肯屈服于知识之外的压力并严肃追求科学，具有独立人格并以科学为是非准绳的知识分子。

3. 组织结构复杂

高校的组织结构，一方面是围绕学科而形成的，集劳动信念、权责一体，有科层性质的、庞大的综合机构；另一方面又存在非制度化的非正规关系，如学术团体等，共同构成错综复杂的权利架构。

4. 内外环境复杂

高校作为一种已经高度社会化的组织，在具备一些经济实体性质的情况下坚守着学术组织的本质，但是这种坚守受到社会环境尤其是社会资源的极大影响，内外环境的复杂性非常显著。

高校组织的多样性主要表现在以下两个方面。

1. 组织职能多样

高校承担人才培养、科学研究和社会服务三大职能，每项职能都包含较多的具体职能，如人才培养包括课堂教学、课程建设等；社会服务包括产学合作、社区服务等。这种多样性，也是高校本质属性必然外显的结果。

2. 组织目标多样

每一所高校都有基于自身实际的多目标体系，如保护学术自由、增强学生的研究能力等。还反映在办学思路、学科体系、课程设置、教学方法等诸多方面。美国著名社会学家伯顿·R.克拉克在《高等教育系统》一书中援引了法国著名社会学家埃米尔·涂尔干的一段话：很少能找到一种机构，既是那么统一，又是那么多样；无论它用什么伪装都可以认出；但是，没有一个地方与任何其他的机构完全相同。这种统一性和多样性构成的大学是中世纪生活自发产物的最好证明；因为只有活的东西才能尽量充分保持它们的个性，同时使它们自己服从和适应形势和环境的变化。

（三）松散性和矛盾性

高校组织是一个松散的联合体。主要表现在：①组织目标不明确。与其他社会组织相比，高校没有一个明确的组织目标，人才培养、科学研究、社会服务三大职能又细化为许多子目标，目标越多也就越模糊。②组织成员价值多元。高校组织内部沿着学科专业衍生出许多学术团体或派系，它们具有多元化价值观，且具有高深的知识，由它们所组成的高校显然是松散的，这在一定程度上有助于学术研究，但是会给学校管理带来诸多问题和困难。

高校组织在发展中也有诸多矛盾。主要表现在：①组织理想与社会需求的矛盾。高校期待"按照个体和知识的发展规律来促进他们完善，从而展现自身的精神价值和学术价值"，但社会需要高校"能够在现实的发展中发挥更多、更重要的作用，具有更大的实用价值"。②行政权力与学术权力的矛盾。高校的组织结构具有双重性，一方是以行政人员为代表的行政权力，另一方是以学术人员为代表的学术权力。高校既要通过行政人员来维护组织运行的整体性、一致性，又要重视学术人员参与治校必需的学术权力。行政权力基于上下级的控制与协调，学术权力则基于自我认知。如何保持两者平衡，一直是高等教育研究与实践领域需要解决的问题。

二、信息技术的特征

信息技术是一种在信息科学的基本原理和方法的指导下扩展信息功能的技术。它是以电子计算机和现代通信为主要手段实现信息的获取、加工、传递和利用等功能的技术总和。它有技术性和功能性两个方面的特征。

（一）技术性特征——技术性和信息性

第一，信息技术具有技术的一般特征技术性。具体表现为方法的科学性、工具设备的先进性、技能的熟练性、经验的丰富性、作用过程的快捷性、功能的高效性等。第二，信息技术具有区别于其他技术的特征信息性。具体表现为信息技术的服务主体是信息，核心功能是提高信息处理与利用的效率、效益。由信息的秉性决定，信息技术还具有普遍性、客观性、相对性、动态性、共享性和可变换性等特征。信息技术的技术特征使信息技术在各领域备受推崇。

（二）功能性特征——改进认知与管理

第一，提高人的思维效率，深化人的认知方式。中国科学院院士戴汝为认为，在信息时代，人机结合的思维将会取代个人为主的思维方式。他指出，人脑和计算机都是信息处理的工具，人脑通过经验积累与形象思维，擅长不精确的、定性的把握，而计算机则以极快的速度，擅长准确的、定量的计算，两者充分发挥各自的优势，又互相结合，既能达到集智慧之大成，又由于通过反馈的作用，来提高人的思维效率，从而增强人的智慧。北京师范大学教授余胜泉认为，信息时代基本的认知方式，正在发生意义深远的改变，正从个体认知转变为分布式认知，应对知识与信息膨胀的根本途径要依赖于人和电脑的协同分布式认知，这是信息时代人适应复杂性的基本思维方式。认知的本性是分布式的，认知不仅仅发生在我们的头脑之中，还发生在人和工具之间的交互过程之中。当基本认知方式都发生改变的时候，在此基础上建立的教育大厦必然发生意义深远的改变。这也是学界所形成的普遍共识，即信息技术对教育发展有着革命性的影响。

第二，促进业务流程优化，提高活动成效。从信息技术对全球所产生的影响来看，信息技术应是当代最先进、最伟大生产力的代表，甚至可以说，它在不断推动经济基础的变革，从而促使整个上层建筑发生改变。如果只把信息技术当作一种工具、手段，这种认识就是片面的、肤浅的。尽管高校不是企业，但是科学应用信息技术进行信息管理系统建设，有助于高校做出科学决策和高校管理流程再造，可以提高管理成效，进而提高管理、服务师生的水平。与教学、科研领域相比，管理领域应是信息技术最易应用的，也是最易取得成效的。具体来说，在高校管理中科学应用信息技术，能优化资源配置、改善组织结构、促进领导决策、提升管理人员的素质、提高管理的有效性等。

第二节 高校管理对教育信息技术的迫切需求

从高校的组织特性和信息技术的特征来看，高校组织的特性会导致高校管理面临诸多问题和困难，而信息技术的技术性和功能性特征，在很大程度上可以推动高校管理创新，进一步提高管理水平。

一、信息技术顺应了高校管理复杂化的趋势

信息技术为高校管理满足学生及社会的多样化需求提供了可能。如，从传统的统一排课发展为学生自选课程，促成复杂性秩序的建立。目前，高校的职能越来越具有多样性，已超出了教学、科研与服务的范围，学生、助教、助研、助管等多重角色常集于一人之身，创业浪潮、研究小组、企业兼职等现象层出不穷，这种复杂性、多样性其实是专业化的产物，更专业化的学习需要教师对学生有更多的了解，这已成为教师与学生群体中逐渐显现的特征。多样化需求需要多样化职能，传统的管理方式随着教师与学生的多样化需求而发生改变，信息技术所形成的管理环境正是多元共生的良性土壤。高校管理的难度随着复杂性和多样性的增加而增加，越来越多的原始信息将如云海狂潮席卷而来，只有借助有效的信息技术才能提高管理成效。从高等教育的本质看，教学、科研、学习等的复杂性和多样性程度越高，则越能揭示教育活动的自然规律，也越能实现教师、学生的个性化发展。在高校管理中科学应用信息技术，有助于教学、科研、服务在更高层次上接近它的本质目的。

二、信息技术满足了高校管理分权化的趋势

分权化管理是高校管理的一种发展趋向。它的特点在于改变传统的集中型控制范式，形成多个控制中心，合理构建宏观、中观、微观控制，使控制产生一种多元、互补的综合效应。信息技术改变了信息传递的方式，高校管理为了适应这一挑战，必须由分层型转向网络自由型，管理组织结构从尖塔式转向扁平化。实

际上,科层化的管理组织结构已经难以适应当前和未来高校管理的发展。如,行政权力与学术权力问题,行政命令可以控制行政领域,却难以深达学术领域;学术权威可以控制学术领域,却难以深达行政领域。信息技术则有助于连接并促进两者协调平衡,推动管理重心逐渐下移,管理方式也进一步发散,以充分发挥院、系、所的主动性和积极性,在一定程度上可以减轻校级层面的工作压力。高校可从大量烦琐的具体管理事务中脱身出来,强化整合教育资源、监控教育质量的重要职能,切实提高高校管理水平。

高校要提高管理水平,必然要充分发挥信息技术的作用。组织管理的成效取决于其目标的实现程度,考察信息技术对高校管理的作用大小,就是要考察信息技术推动高校管理实现其目标和使命的程度。在这一过程中,尤其要结合高校组织的特性,聚焦人才培养、科学研究与社会服务三大职能,进而达成信息技术与高校管理的深度融合。

第三节　教育信息化背景下高校管理的优化之道

要提高高校的管理水平,必须在高校所有资产、土地、师资等客观要素难以改变的情况下,通过充分发挥主观能动性(积极性、主动性、创造性等),有效整合管理目标、管理环境、管理过程等主观要素,优化配置学校资源(人、财、物、信息等),激发办学活力,降低办学成本,最大限度地提高办学效益和办学水平,更好地提高人才培养质量,提升科学研究水平,推动社会持续发展。高校领导、管理者要提高认识,以科学的观念指导管理实践,对管理服务进行统筹规划,打造坚实的管理服务平台,优化管理服务流程,提高教师的素质。只有各种因素共同作用,才能促进高校资源流动的方向、速度、效率和准确性都得到最佳的配合,才能形成充分发挥自身功用和达到最佳效能的管理能力。

一、提高认识,树立科学的管理服务观念

古人云"求木之长,必固其根本;欲流之远,必浚其泉源。"高校领导、教师、管理者等应树立科学的管理服务观念,这是高校提高管理水平的前提。教师,

应当树立现代教育观念；管理者，应当树立科学管理观念。在信息技术视域下，高校改进管理，需要依靠"两只翅膀"，一只是现代信息技术，另一只是现代教育思想。

（一）现代教育观：以学术为中心

高校赖以生存和发展的根本在于其教育属性。在高校管理中应用、推广信息技术，必须以此为根本，管理即为实现目标，高校的使命和目标是人才培养、科学研究和社会服务。高校应用、推广信息技术的最终目的是推动高校使命与目标的实现，信息技术在高校管理中的应用和推广必须与高校使命和目标相一致，这是信息技术应用、推广于高校的起点，也是终点。如美国教育家詹姆斯·杜德斯所说，"不管信息技术给高校带来哪些变革，高校里某些古老的价值和传统都应该被传承和保护下来，如学术自由、理性的探究精神、自由学习"。这些古老的价值和传统是高校管理的目的，是应用、推广信息技术的目的，人才培养、科学研究则是传承这些古老价值和传统的主要方式。在管理中应用、推广信息技术的目的在于推进信息技术在高校教学、科研活动中的应用、推广，这将成为我国高校应用、推广信息技术的重点领域。如中国当代教育家张楚廷所说，"管理活动中人的要素是非常突出的。师生员工，'生'字第一；教职员工，'教'字第一；一切活动，教学第一；教学之中，启发自由思想第一。"具体到管理活动中，信息技术要发挥作用，实现与高校管理的深度融合，必须与教学、科研活动相结合，服务于教师，服务于学生，这便是信息技术与高校管理的最佳契合点。值得注意的是，即便是在信息技术视域下，行政权力与学术权力的矛盾依然是高校管理的问题。高校管理的核心应是为学术活动服务，需要发挥信息技术的信息联动性，增强高校管理的参与度、透明度和监督性，促使学术权力与行政权力的有效整合，使管理服务在阳光下进行，切实提高高校管理的效率和水平。

（二）科学管理观：以效益为目标

信息技术视域下，传统的管理观念急需变革，信息技术素养则是对管理者的基本要求，因此，要树立科学的管理观念。所谓科学的管理观念，指的是在管理中有运用系统的整体原则、结构优化原则，实行目标管理，不断推进管理创新的管理意识。现代教育管理理论引进了大量相关学科的普适理论，尤其是管理学和系统工程技术，这种开放式教育管理理论体系，已经纵跨哲学、科学、技术等不同的层次，对高校改革和发展有着十分重要的实践意义。信息技术的快速发展，改变了信息传递的方式，高校管理也应顺应这一趋势，树立科学的管理观念。尤其是高校领导者、管理者，应该以积极开放的心态认识、接收、应用以及推广信息技术等先进手段，在高校管理领域进行一些先行的探索性实验，并及时总结经验，适时推广到教学、科研领域。

可以预见的是，信息技术等先进手段即将走进高校，它的迅速发展和多样性与高校组织的复杂性、多样性结合在一起，给高校管理带来的既有挑战又有机遇。高校管理者在面对管理实践中的问题和困难时，要敢于提出新想法，善于学习、利用信息技术去解决；要树立信息意识，做好对信息资源的选择、保存、整合工作，为领导决策，为教学、科研服务打下坚实的基础。高校管理可以向其他社会组织借鉴有益的做法，如目标管理模型、先进技术手段、管理服务流程等。

二、统筹规划，打造坚实的管理服务平台

"巧妇难为无米之炊"，坚实的管理服务平台是实施管理服务的前提和物质基础。在信息技术视域下，要打造坚实的信息管理平台，就必须根据信息技术等先进手段的发展趋势，结合高校发展实际，科学规划，总体设计管理战略；不断健全机制，注重提高其服务教学、科研、教师与学生的品质。

（一）科学规划，总体设计管理战略

"凡事预则立，不预则废"。做好先导性的高校管理战略规划，逐步实施、处理好近期与远期的发展任务，是高校改进管理的前提和基础。管理战略需要与高校办学目标紧密结合，贴近学校发展实际，在信息技术视域下，就是在管理战略中明确信息技术等先进手段的作用和运作路径。为避免管理信息系统的整合功能不强、信息不能共享、信息资源浪费现象的发生，高校领导者应从学校发展大局出发，设置或完善有关信息技术部门，给予其应有的地位，以便其负责学校信息管理系统的建设工作。作为今后的行动指南，高校信息技术建设的战略规划应当包含方方面面的内容，主要包括信息技术部门及人员配置、管理信息系统技术参数和技术标准、基本工作流程、具体实施思路等。只有从根本上完善系统本身，

才能为管理活动提供良好的工作平台和技术保障；只有加强系统本身的稳定性和安全性，才能提高工作效率，提高数据的处理能力，才能为教学和科研提供更好的服务。这是提高管理水平的必要条件。在这一过程中，高校领导要高度重视并支持这一工作，由校长或分管校领导直接负责信息技术应用和推广工作，强化其权威性和影响力。管理活动中要使信息技术发挥更大作用，信息技术部门就必须与决策部门联合。以美国普林斯顿大学为例，该校设有信息技术部，由分管副校长负责，学术服务处、管理信息服务处、研究计算处等下设七个部门，涵盖教学、科研、管理等重要方面。从职能来看，各部门除了肩负服务职能外，还承担研究开发、推动教育变革等职能。

（二）健全机制，着力提升服务质量

在管理活动中，高校管理部门是学校资源的主要拥有者，但拥有不是占用，也是学校资源的主要提供者。在信息技术视域下，信息管理系统应当面向教师、学生及社会提供相应的服务。信息管理系统应充分发挥信息库的作用，任何有用的信息资源都应便捷地存放到信息库中。只要用户需要，信息库中的信息资源应能被便捷地获取。高校要持续优化管理信息系统的服务机制，创造良好的信息流通环境。高校管理者还要根据信息技术的发展情况和学校发展实际，适时、合理的调整工作内容，解决信息技术建设中遇到的实际问题，确保实现信息资源的有效传递、共享、利用，为高校教学、科研、教师、学生服务。在这一过程中，要加强对信息资源的整合、开发工作。

数据开发在管理工作中作用巨大，重视数据开发工作，是信息管理系统提升服务水平的必经之路。通过不断对各类数据的实时传递、选择、储存，形成信息共享体，以快速的信息流通和信息分享协调高校各方面工作，可以提高管理的效率。尤其要重视基于数据库的决策支持系统的建设，通过对历史数据的整理得出准确结论，可以为高校领导决策提供有益参考，这也是高校决策由传统的经验型转向科学型的关键因素。需要注意的是，管理服务平台并不是越先进越好，适合高校自身需求的才是最好的。高校在进行管理服务平台建设的过程中，要探索与学校中心工作相适应的管理服务平台，如此，不但能提升高校管理水平，而且不会造成资源浪费。

三、推进变革，实现管理服务流程的再造

高校要提高管理水平，必须重视高校内部管理体制机制变革。信息技术快速发展，改变了信息传递的方式，打破了人们交流的时间和空间限制。在信息技术视域下，推进高校内部管理体制机制变革，进行行政管理服务流程的再造，对高校管理显得必要而又迫切。因此，要对以往的管理理念、业务流程、组织结构以及功能等进行重新审视，具体包括两个方面：再造业务流程，改进运行方式；优化组织结构，提高整合功能。

（一）再造业务流程，改进运行方式

我国高校传统的业务流程是建立在科层化结构上的分散性流程。随着信息技术发展的纵横交错，分散性流程已经难以满足管理活动的需求，因此，需要以完整连贯的业务流程取而代之。从管理领域看，高校管理包括教学管理、科研管理、学生管理、后勤管理等多个方面。业务流程再造的首要任务，就是要围绕高校的主要职能，对这些管理事项进行分类并区别对待。换句话说，业务流程再造就是围绕教师、学生，对教学管理、科研管理的流程进行改进与优化，后勤管理等不再列入业务流程再造的范围。

业务流程再造还需要对主要服务事项进行集中化管理，这是高校业务流程再造的重点。其一，对高校主要服务事项流程进行重新设计，简化办事手续，以提高办事效率；其二，改变以部门职能进行工作安排的情况，围绕某个主要服务事项，将相关人员集中在一起，形成目标明确、协调一致的工作团队，以共同完成相关工作。信息技术在业务流程再造中发挥重要作用，可以实现部门之间信息资源的互联互通，从而提高信息资源的利用率。

要利用信息技术，逐步提高高校办公自动化水平。积极开展电子校务"一站式"服务，将业务流程进行重新整合，实现重组与优化，可以进一步提高高校管理服务水平。它不是把业务简单地网络化，而是改变传统的业务流程和管理方式，深刻变革高校管理模式，建设适应信息资源自由流通的业务流程与运行方式。高校教学管理、科研管理、行政管理、学生管理等各个层面，都应协同探索优化业务流程，只有每个管理层面的管理业务流程达到优化重组，才能从整体上促使高校改进管理。

（二）优化组织结构，提高整合功能

在进行业务流程再造的同时，还要对原有的组织结构进行优化，建立与新的业务流程相适应的组织结构体系。对原有组织结构进行精简和整合，使其转向扁平化，可以使纵向管理层次变少，信息资源集中在下层，围绕业务流程而不是部门职能来建立。更重要的目的是，通过信息管理系统的新业务流程再造高校的组织结构，可以促进校内各个部门之间的协同与合作。具体来说，以精简、高效为原则，重新调整组织结构，简化纵向的管理层级，形成扁平化的组织结构。精简机构编制，优化人员配备，采取措施，建立一支精干的管理队伍。除了对组织结构进行精简外，更重要的是要按照新的业务流程整合功能类似的部门，即围绕业务流程而非部门职能来优化组织结构，提高整合功能。

一方面，调整一些部门，整合功能类似的部门，建立标准化的规章制度，保障部门内部关系的协调，提高部门内部协作的一致性和有效性；另一方面，重设一些部门，根据"一站式"服务模式，将事务密切相关的部门集中到一起联合办公，以提高处理事务的效率。要进行岗位和人员配备调整，应按照"人职匹配"原则将合适的人放在合适的岗位上。

组织结构优化的目标是构建功能强大、工作高效的科学化高校行政管理组织体系，从而在制度上给信息技术在管理中的应用、推广提供支持，使其发挥更大的作用。在这一过程中，要处理好集权与分权的关系。在建立科学的权力构架上，在面向社会自主办学中，该集的权要集，该分的权要分，以发挥集权与分权各自的效能，且在高校不同层面建立一种相互支持和相互制约的关系，各司其权，各司其职，优势互补，使每一层面都可以有效地运作，实现集权与分权整体协调、高效的目标。

四、多措并举，提高高校教师的信息素养

造就业务精湛、结构合理的教师队伍、管理队伍是提高高校管理水平的基本保障。信息技术视域下，提高高校教师的信息素养，重在强化高校教师的信息意识，提高高校教师的信息技术能力。

（一）重在强化教师的信息意识

教师具备信息素养，是时代对教师的要求之一，是教育的发展趋势。信息素养是一种对信息社会的适应能力，它涉及信息的意识、信息的能力和信息的应用。意识先于行动，信息意识先于信息技术能力。信息技术使高校管理者、教师难以凭借某一阶段的学习所得、工作经验来进行管理和教学活动，更新观念成为时代的要求。高校教师必须保持高度的敏锐力，不断学习，具备可持续发展的信息能力，掌握与本专业密切相关的信息，要快速培养自身的信息意识。高校管理者更应该提升信息意识，认识到信息资源的处置在某种程度上决定管理的效能。

信息意识主要指对信息、信息技术、信息社会有充分的认识和正确的理解，对信息有较强的敏感度和获取信息的强烈欲望，认识到信息和信息技术对教学、科研和管理的重要作用，并能快速、准确地整合信息，确认自己的信息需求，将有用的信息运用到解决实际问题之中。信息是客观存在的，但具有时效性，需要高校教师去感知、发现、获取、整合和使用。高校教师尤其是管理者要自觉培养信息意识，提高对信息的敏感度、辨别力，及时捕捉有用信息，认清信息的内在价值，并进行整合，而后迅速做出科学的决策。教师面对学生多样化、个性化的学习需求，也应不断强化信息意识，时刻谨记信息及信息技术有助于改进教学方式、拓宽教学途径、满足学生的个性发展，要树立牢固的终身学习观念，敏锐地从信息海洋中发掘有用信息，形成保存、整合和使用信息的能力，自觉提高在教学、科研活动中应用信息技术等先进手段的能力。教师的信息素养得到提高，可以直接提高教学管理和科研的成效，推动高校行政管理不断优化、服务水平不断提升。营造良好的信息教育环境与校园文化，对培育教师的信息意识可以起到潜移默化的积极作用。

（二）提高教师的信息技术应用能力

在信息技术视域下，要提高高校管理水平，高校教师必须掌握信息技术应用能力。信息技术应用能力，指有效传递、保存、发布和提取信息，运用信息技术对信息进行有效整合，创造性地使用信息解决实际问题，能用便捷的方式呈现、存储生成的新信息，并遵守信息道德，维护信息安全。高校管理者、教师都要具备较高的信息技术知识与技能，以熟练应用信息管理平台，解决实际工作中的问题。高校要完善机制，开拓多种方式提高教师的信息技术应用能力，如举办培训班、外出进修、参与课题研究等。具体内容应当从信息技术和信息社会对高校管理者、教师的信息素养需求出发，开发信息技术培训课程，包括信息、信息技术、信息社会的特征以及对教学、科研、管理的作用，信息技术的发展前沿、法律法规、道德伦理等方面。要健全相关信息素养考核评价机制，鼓励管理者、教师主动学习、应用、推广信息技术，提高信息技术应用能力。应当注意的是，提高管理人员的素质，关键在于综合素质，而非简单的技术能力，对此这里不做过多探讨。在信息技术视域下，要结合高校的人才培养、科学研究和社会服务三大职能，进行教育信息技术研究与开发，以形成与本校实际相适应的信息管理系统，在实践中提升信息技术应用能力。

第三章　教育信息化背景下高校教育管理过程

任何一种管理都是一种活动过程，高校教育管理也不例外。所谓高校教育管理过程，是指在高校管理者的协调管理下，综合利用高校的人、财、物、时间、空间、信息等资源，充分发挥管理的各项职能，从而使整个高校管理系统有效运转的过程。高校教育管理过程主要包括四个环节，即计划、执行、检查和总结。在整个管理过程中，沟通、协调与控制是非常重要的要素，关乎高校管理的高效率运转，本章主要就高校教育管理过程的相关内容进行论述。

第一节　高校教育管理过程的特点与基本环节

在教育管理学中，学校管理过程一直是一个被关注的话题。关于管理过程的概念，自20世纪以来就已经有诸多国内外学者从不同的角度给出了不同的观点。如，有的学者从管理职能出发研究管理过程，有的学者从管理者思维的角度研究管理过程，有的学者通过引入系统论、控制论来研究管理过程等。这些从不同维度对管理过程的研究拓宽了人们研究高校教育管理过程的视角。对高校教育管理过程可做一个详细的定义：高校教育管理过程是指在高校管理者的协调管理下，综合利用高校的人、财、物、时间、空间、信息等资源，充分发挥管理的各项职能，使整个高校教育管理系统有效运转的过程。这一过程既有其独特的特点，也有基本的环节。

一、高校教育管理过程的特点

（一）以育人为中心

高校教育管理的根本任务是保证实现高等教育的目标，完成各项教育教学任务。高校管理者必须在高校教育管理过程中贯彻育人的目的。也只有围绕育人来进行各项管理活动，才不会在大的方向上有所偏离，也才容易实现管理目标。高校教育管理过程以育人为中心的这一特点要求高校管理者必须科学地确定培育人才任务的管理目标，制订规划和计划；把全校教职工组织起来实施规划和计划；检查监督计划的实行；总结工作经验，评价学生素质水平。

（二）具有较强的有序性

高校教育管理过程是按照一定的程序来进行的。具体是什么程序，不同的学者有不同的看法。按照学术界的一般认识来看，高校教育管理过程主要分为四个环节，即计划、执行、检查和总结。这四个环节的顺序不能颠倒，全部过程要按顺序完成，构成一个循环，进而形成一个高校教育管理周期。尽管在实际的管理工作中会受到多种因素的影响，操作起来会复杂很多，但是它们的前后次序是不能颠倒的。可见，高校教育管理过程具有较强的有序性。

（三）具有一定的控制性

高校教育管理过程的运转总是会受到一定条件的制约。这些条件主要包括国家的教育方针、政策、教育目的、管理目标以及管理体制等方面的要求。

（四）具有动态的整体性

高校教育管理过程的各个环节是相互联系、相互促进，有机结合在一起的，而非一个个孤立的部分。在管理过程中，计划统率着整个管理过程，执行是为了实现计划，检查是为了监督执行，是对计划的检验，总结是对计划、执行、检查的总评价。每一个环节，都具有反馈回路，动态地推动工作前进，进而促进决策的不断完善。

（五）注重调动人的积极性

高校教育管理过程的正常运转并不是依靠一些管理者就可以实现的，还需要每一个相关人员的配合与努力。因此，高校教育管理过程的每个环节都要调动高校相关人员的积极性，尤其是高校师生。具体来说，制订计划时，需要考虑如何从计划中体现激励的作用；执行时，需要考虑如何进行组织、协调，才能调动各部门、个人的积极性；检查和总结时，需要考虑检查的结果对教职工积极性的影响。

调动人的积极性就必须做好人的工作，特别是思想工作。因此，在高校教育管理过程的每一个环节中，管理者都要做好人的教育工作。

二、高校教育管理过程的基本环节

要想深入、系统地了解高校教育管理过程，就必须充分把握高校教育管理过程的基本环节。学术界普遍认为，高校教育管理过程有四个基本环节，分别是计划、执行、检查和总结。这四个环节按照一定的顺序有机地结合在一起，构成一个动态的管理过程。

（一）计划

计划，是指高校管理者在高校教育管理工作中预先拟定行动纲领。制订计划是高校教育管理过程的第一个环节。要想管理活动取得成功，计划起着非常重要的作用。

1. 计划的特征

在高校教育管理过程中，计划主要呈现以下特征。

（1）目标性

高校管理者制订计划主要是为了实现既定的目标，包括达到目标的具体指标、方法、步骤、时间和具体措施，而不是为了计划而计划。所以，计划的目标性很强。

（2）普遍性

高校的任何一位管理者，都必须有所计划。只有在一定的计划下，管理者才能有效地组织实施，达到既定的目标。所以，计划是具有普遍性的。

（3）可行性

计划的可行性主要表现为计划中总是会包含切实可行的方法和步骤，是能付诸实践的。

（4）效益性

高校教育管理中的所有计划都必须考虑高校教育管理的效益问题。科学的计划会给高校带来良好的社会效益和经济效益。

2. 计划的过程

（1）调查、掌握材料

计划的第一项工作就是调查、掌握材料。调查主要是为了全面摸清高校教育管理的实际情况，为制订计划奠定坚实的基础。因此，高校管理者应根据自身的实际情况以及工作岗位的特点，收集数据和资料，全面积累数据，充分掌握资料，并以此为基础整理数据和资料，运用预测的方法，明确高校教育管理工作的方向。

（2）确定目标以及次序

高校管理者应该根据高校管理工作的方向，分层次确定计划的目标，并将目标按一定的次序排列，然后切实按照计划行事。那些对高校管理者来说最为重要的事情可以排在第一位，并用特殊的符号注明，如"X"；然后，按照重要性程度分别确定排在第二位和第三位的事情；在同等重要的计划中，可以分别按照重要性在符号后加上数字，如"X_1""X_2""X_3"等。

（3）确定行动方案

高校管理活动在确定具体的行动方案之前，要召集相关人员进行民主讨论。根据决策的要求，对多种方案进行比较研究，分析各种方案的利弊，吸收其中的精华，融为一体，从而产生切实可行的计划。最终拟定的计划必须经过合理的论证。论证的内容包括计划依据的可靠性、计划方法的科学性、计划实施的可行性、计划效益的显著性等内容。为了保证论证效果合理，可以在论证过程中聘请有关专家进行指导。

（4）计划的执行与控制

行动方案确定后，就该执行计划，也就是按照计划要求的方式、方法和进度执行。在执行过程中，高校管理者应定期对目的、要求、质量、进度等进行检查监督，发现问题及时处理。若属于执行方面的问题，应及时纠正执行中的偏差；若是计划本身的问题，应对计划进行相应的调整。

（二）执行

执行是高校教育管理过程中的中心环节。执行，是指高校管理者调动和运用各种资源把计划中规定的任务与目标贯彻落实到高校教育教学和管理活动的实际中，进行高校管理计划与任务的活动。没有执行环节，管理的一切要求和愿望都将无法实现。

1. 执行的内容

执行环节的工作内容很多。高校管理者在这一阶段应重点做好组织、指导、协调和激励四项工作。

（1）组织

组织，是指高校管理者安排各种办学资源，使之具有一定的系统性或整体性，以达到预定目标的活动。

①组织的地位和作用

第一，通过组织活动，可以建立和协调各种关系，促进社会效益和经济效益的提高。

第二，通过组织活动，可以使学校管理资源在计划执行过程中进行优化组合，随时解决其中出现的问题和矛盾，从而提高管理效率。

第三，通过组织活动，可以完善学校的组织机构，促进学校管理体制改革。

②组织活动的内容

第一，任务的合理分配。这主要是指将高校计划的任务分别分配到各个职能部门，明确各个职能部门的职责和任务。

第二，高校管理资源的妥善安排。这主要是指将人、财、物、时间、空间和信息进行合理有效的配合，以综合发挥各种资源的效用。

（2）指导

高校管理者将任务以及资源安排妥当之后，就应注重指导各部门和人员如何按照任务和目标来行使自身的职责。高校管理者要让下属明确去干什么，下属在执行过程中遇到困难、问题时，要对他们进行有效的指导和点化。总的来说，高校管理者的指导主要针对工作方法和工作安排来进行。

高校管理者要使其指导发挥真实有效的作用，就应注意以下几个方面。

第一，深入第一线，全面及时地捕捉真实反馈信息，做到多谋善断。

第二，敢于指导，善于指导。要通过对点上工作的指导，带动面上工作的指导，以达到以点带面的目的。

第三，注意创设良好的人际关系和环境氛围，虚心听取高校师生的意见。高校管理者应当指导而不说教、帮助而不代替、引导而不强加、批评而不压制，不能强制命令，不能越级指挥。

（3）协调

在高校教育管理过程中，由于学校的外在环境和内在因素都在不断发生着变化，各种关系也处于变化之中，因此，特别需要协调工作。所谓协调，即高校管理者促使高校各方面的力量为实现统一的目标而进行的相互配合、步调一致、和谐发展的活动。

作为执行环节中的关键一环，协调能够使各种高校管理资源达到优化组合，保证各个方面、各个环节的均衡与协调发展，使高校管理任务能有效实现。

协调工作主要有两个方面的内容：一是协调执行情况和原计划之间的矛盾，二是协调部门间和成员间的关系。对高校教育管理来说，协调好教学管理与德育管理，协调好各个部门，使之形成合力，对促进高校的良好发展，有着十分重要的现实意义。

（4）激励

激励，是指高校管理者运用一定的手段，激发教职员工的工作热情，调动教职员工的积极性和创造性。在高校教育管理过程中，教职员工难免会出现一些精神不振、工作疲惫的情况，这就非常有必要采取一些激励的手段。

合理的激励能够促使广大教职员工在执行计划的过程中焕发出勃勃生机，促使他们积极为高校管理出谋划策，为实现计划而不懈地努力。一般而言，提高教职员工的积极性主要有物质激励和精神激励两种手段。在激励工作中，最好是充分结合两种激励手段来鼓舞教职员工的干劲，激发他们的士气。

2. 执行的要求

（1）以身作则，优化配置各种资源

高校管理者在执行过程中，应该以身作则，身先士卒，起到表率作用，要求别人做到的，自己要先做到，并且要创设各种条件，为高校教职员工实现既定的计划提供可靠的资源保证。

（2）体察实情，并及时有效地化解各种矛盾

矛盾是事物发展的动力。高校的管理计划在执行的过程中，部门与部门之间、个人与个人之间不可避免地会出现一些或大或小、或多或少的摩擦。因此，高校管理者要做到心中有数，同时要善于利用自己的智慧，了解实情，并根据高校管理的相关规定或基本原则，对出现的矛盾给予合情合理的处理，最终达到化解矛盾的目的。

（3）赏罚分明

高校管理者要根据各个职能部门的特点及相关规章制度，将高校制订的计划分配到不同的部门和个人身上，并且按照章程授权给不同的管理者，要求他们领导手下的员工来执行。在执行过程中，出现问题要做到赏罚分明。

（三）检查

检查，是指高校管理者对计划执行情况进行监督、考核，并发现问题，给出指导建议的活动。检查环节在高校教育管理过程中也是不可缺少的一个环节。它处于执行和总结之间，发挥着承上启下的作用。通过检查，能够对计划的科学性及计划的实施效果进行全面的评估和考查；能够对学校领导人员和管理人员自身的各项能力进行考核和评价；能够对教职员工进行相应的考核与监督。

1. 检查的内容

（1）监督

高校管理者要经常深入实际，查看各项工作情况，并依据计划要求、规章制度，督促下属部门和教职员工完成既定的任务。通过考察进行的监督活动一般可分为定期考察、不定期考察、专题考察、全面考察、直接考察、间接考察等。

（2）考核

考核是高校管理者对高校管理工作进行的考察审核活动。它是检查活动中的一项重要内容，一般分为高校管理者在内的教职员工考核和学生考核。考核的内容一般包括德、能、绩、勤等方面。

（3）指导

虽然检查是针对过去的工作情况进行的活动，但不是向后看，而是为了向前看。因此，通过检查不仅要发现问题、指出问题，而且要提出可行的建议，指导教职员工更好地执行学校的各项计划。

2.检查的要求

（1）根据计划内容确定检查对象、步骤与方法

开展检查活动时，高校管理者必须熟悉计划的内容，并根据计划的内容，分别确定检查的对象，探讨对象的特点以及工作的性质，然后根据工作的性质，针对不同的部门和个人，来选择适宜的检查方法，确定检查的步骤。常见的检查方法有考评打分、巡视观察、个别交谈、随堂听课、翻阅教案等。

（2）以原计划为依据，公正客观地进行检查

检查必须尊重客观事实，以实事求是的态度，客观、全面、深入地进行检查。检查的客观性在于要以计划和收集的事实材料为依据，不能主观臆断。检查的全面性在于要对所有的计划内容进行检查，不能顾此失彼、厚此薄彼。检查的深入性在于要对情况进行深入的了解，不能做"表面文章"。

（3）将检查与指导、调节结合起来，讲究实效

检查应注重对高校教育管理工作的指导以及对各部门、个人之间行动的协调，通过指导与协调，来提高高校管理的效率与效能。

（四）总结

所谓总结，是指对高校教育管理工作进行整体分析、全面评价的活动。它是高校教育管理过程的最后一个环节，标志着一个管理周期的结束，又预示着下一个管理周期的开始。总结对高校教育管理工作有着非常重要的意义。其不仅有助于更好地判断高校教育管理工作，而且有助于进一步提高高校教育管理工作的质量和管理水平。

1.总结的类型

高校教育管理过程中的总结有很多种，按照不同的标准来划分有不同的类型。

（1）按照时间来划分，总结可被分为一个管理周期的完整总结、领导班子任期总结、学年总结和学期总结等。

（2）按照承担主体来划分，总结可被分为全校总结、部门总结和个人总结。

（3）按照工作性质来划分，总结可被分为全面总结和专题总结。

全面总结和专题总结在高校教育管理过程中经常被提到。其中，全面总结属于常规性总结，是在一个管理周期结束或一个学期结束时，对学校方方面面的工

作做出系统的总结和全面的评价；而专题总结主要是针对某一领域中的问题进行总结，如高校针对教学质量问题，进行教学质量方面的专题总结。

2. 总结的基本要求

（1）树立正确指导思想，具有鲜明的目的性

高校管理者在进行总结时应该树立正确的指导思想，突出鲜明的目的性。这就要求其必须做到：不单是为了惩罚与奖励而总结；不流于形式；总结中注重发现问题，解决问题；为了做好未来的工作而总结。

（2）要有全面、真实、有效的检查考核材料

高校教育管理过程中的总结要以事实为依据，必须要有详细的总结材料，否则就不能起到应有的作用。这些材料应当通过平时的观察和记录来收集。

（3）要与计划要求相对应

总结是对计划执行情况进行评价的过程。如果总结脱离了计划，则不仅会使原有计划、目标失去意义，而且会使总结缺乏客观依据和标准。因此，高校管理者在总结时必须以计划为依据，以计划中的目标作为评估的标准和依据。

（4）注重规律和经验的总结

从实质上而言，总结就是要把握高校管理工作的规律性，使经验上升为理性认识。因此，高校管理者做总结时，应当既分析成功的原因，又分析失败的教训；不只要找外在的原因，还要找内在的原因。

第二节　高校教育管理过程中的沟通、协调与控制

一、高校教育管理过程中的沟通与协调

（一）沟通与协调的概念

沟通，即个体与个体之间、个体与群体之间思想与感情的传递和反馈过程。协调，即对各项工作及人员的活动进行调节，使之和谐一致的过程。在高校教育管理过程中，沟通与协调往往又存在一些不同的解释。按照学者赵中建的观点来

看，学校教育管理过程中的沟通是指学校管理者与学校成员之间的信息、思想和价值观等方面的相互传递、交流、反馈和共享。按照学者黄兆龙的观点解释，学校教育管理过程中的协调具有双重含义，一是指现代学校管理系统内部以及学校与公众之间的比较和谐一致的状态；二是指现代学校管理系统为促使系统内部及学校与社会公众的相互适应、相互合作做出的调整、平衡行为。

由于沟通与协调是两个联系非常紧密，有很多共同点的概念，因此，下面将沟通与协调放在一起，将其作为一个整体来探讨。高校教育管理过程中的沟通与协调的界定可表述如下：为促进高校教育管理过程中可理解的信息在两人或两人以上的人群中进行传递、交换、反馈的措施和过程，用以促进沟通双方的理解，推动管理顺利进行。

（二）沟通与协调在高校教育管理过程中的意义

沟通与协调是保障组织发展的生命线，联系着组织的各个部分，指引着组织发展的方向。在高校教育管理过程中，沟通与协调有着相当重要的意义，主要表现在以下几方面。

第一，沟通与协调是保障高校管理组织内的个体和各个要素凝聚于组织整体的重要手段。学校就是一个系统，学校中任何一个部分的变化都会对整个系统产生影响。沟通与协调可以说是联系高校各个组成部分的纽带。

第二，沟通与协调是推动高校管理组织与外部环境营造良好关系的主要手段。

第三，沟通与协调是高校领导人员激励下属的重要途径。

第四，高校教育管理过程中的计划、组织、指导、控制都离不开沟通与协调，其贯穿高校管理过程的始终。

（三）高校教育管理过程中沟通与协调的类型

1. 内部沟通与协调和外部沟通与协调

这是根据沟通与协调对象的不同所划分的类型。

（1）内部沟通与协调

内部沟通与协调，是指发生在高校管理组织内部，以维持组织正常运作为目的而进行的信息传递、加强理解的措施和过程。

（2）外部沟通与协调

外部沟通与协调，是指以宣传组织、保障组织的发展、提高组织服务为目的而进行的各类沟通与协调行为，面向的是高校管理组织所处环境内的公众。这种沟通与协调在近年来呈现出一定的服务性特点，如高校在招生过程中会提供历年升入高一级学校的升学率信息、报考指南及新生生活指南等。

2. 上行、下行和平行沟通与协调

这是根据组织中信息的流向所划分的类型。

（1）上行沟通与协调

上行沟通与协调，是指高校管理组织中作为下属的人员向上级反映情况或反馈意见的沟通与协调过程，是自下而上的沟通，即信息流向为从下属到上司。

（2）下行沟通与协调

下行沟通与协调，是指在高校的教育管理过程中，信息由管理人员向下级流动的沟通与协调过程。如，高校管理者传达信息和指令，提供有关学校的最新发展动向等。

（3）平行沟通与协调

平行沟通与协调，是指发生在平行的部门以及人员之间的沟通与协调，属于横向沟通与协调。值得注意的是，高校管理组织成员中的非正式沟通与协调也属于平行沟通与协调。

3. 组织沟通与协调和人际沟通与协调

这是根据高校管理中沟通与协调发生的范围和涉及的主体所划分的类型。

（1）组织沟通与协调

组织沟通与协调，是指在教育组织内或组织之间，借由正规的组织机构和固定的传播渠道，根据组织的相关制度和规定而进行的沟通与协调。如，高校内部相关制度制定过程中意见的征求、高校管理过程中各类通知的发布和传达、校内例会的召开等。这是一种正式的沟通与协调，是发挥管理职能、衔接管理过程的重要纽带。组织沟通与协调具有指导性、规范性、权威性和程序性等特点，但是缺乏灵活性，机动性差，传播速度比较慢。

（2）人际沟通与协调

人际沟通与协调，是指运用正规沟通渠道以外的渠道进行的信息传递与交流。如，高校内部师生员工之间的私下交流、校内师生员工参与的校友会或同乡会之类的非正式组织。这是一种非正式的沟通与协调。高校管理者在运用人际沟通与协调时，一定要进行相应的规范和引导，尽量避免与组织理念不相符的思想产生，以保障组织的凝聚力和稳定性。

4.媒介式沟通与协调和情感式沟通与协调

这是根据沟通与协调的途径所划分的类型。

（1）媒介式沟通与协调

媒介式沟通与协调，是指借助一定的传播媒介，以口头、书面或者符号等形式，将信息、想法和要求等传递给信息接收者，进而影响信息接收者的行为，最终达到促进组织发展的目标。这种沟通与协调满足的是组织内信息交流和传递的需要。

（2）情感式沟通与协调

情感式沟通与协调，是指高校管理组织内的成员通过沟通与协调联系双方的情感，获得精神上的交流、谅解或达成共识，最终达到改善彼此间关系的目的。这种沟通与协调满足的是组织内部人际交往的需要。

（四）高校教育管理过程中沟通与协调的模式

1.单向线性沟通与协调模式

（1）单向线性沟通与协调模式的概念

单向线性沟通与协调模式，是指由信息发送者发起，终止于信息接收者的沟通模式。这一模式在高校教育管理过程中应用较为广泛。如，高校管理者发布书面通知和文件；下属向上级管理人员汇报情况；在教师组织的某个活动中有关某一个主题的演讲等，都是这一模式的具体表现。

在信息传播过程中，编码过程就是通过对发送信息的形式及语言措辞等进行选择，将信息变得更加容易理解的过程；而解码就是信息接收者通过理解分析等方式探求信息本质的过程。

（2）高校教育管理过程中单向线性沟通与协调模式的优缺点

①单向线性沟通与协调的优点

第一，它要求信息发送者具有一定的技能。高校管理者和教师需要经过缜密的思考，将自己的想法准确清晰地表述出来，并通过解释、说明和描述，保证信息的具体化。

第二，它暗示沟通行为与行动之间有强烈的联系，即"有令必行"，同时更加注重效率和总体目标的实现。当高校管理人员正式且直接下发关于执行某项决策的通知时，某种程度上就表示无须再与沟通对象商议，而是直接要求得到关于这项决策的执行结果。

②单向线性沟通与协调的缺点

第一，高校管理人员在单向线性沟通与协调中明确表明了一个信息或理念，但是并不一定被信息接收者理解。

第二，由于要求信息接收者必须执行，因而容易造成信息接收者产生抵触和对立情绪。鉴于这种情况，高校管理中不能只采用这一种沟通与协调模式，否则有时很难让高校内部各类人员相互理解，从而组织目标难以实现。

（3）单向线性沟通与协调的原则

①客观原则

在高校教育管理过程中，采用单向线性沟通与协调模式进行沟通与协调，管理者要注意控制好信息传递的各个阶段的人员情绪，要实事求是，摒弃偏见。

②强制原则

在单向线性沟通与协调中，信息的发送者并不要求得到信息是否传达到的反馈，而是要求直接看到所要求的结果。如，高校管理部门下发的公文要求有令即行。

③技巧原则

这一原则要求信息发送者在编码过程中要掌握一定的技巧，特别是信息发送者的语言表达能力、沟通形式的选择能力等。

2.双向环形沟通与协调模式

（1）双向环形沟通与协调模式的概念

双向环形沟通与协调模式，是指信息的发送者和接收者之间进行的是双向的信息交流和传递。这种模式的形成需要信息接收者对信息发送者做出回应。在这种沟通与协调模式中，沟通者可以是两个，也可以是多个。

实际上，如果有多个沟通者参与，沟通模式往往会出现相应的变化，信息流向会趋向于网络状，每个人都承担着信息的发送者和接收者的双重角色。二者的角色会不断转换，信息发送者需要听取信息接收者的反馈意见，必要时还需要不断地交流和协调以达到理解信息的目的。

（2）双向环形沟通与协调模式的优缺点

双向环形沟通与协调是一个互相影响的过程，直接指向通过说与听而得到的新的发现和理解。在沟通与协调的过程中，参与者不断建构自己的理解，决定自己要采取的行动，并实现自己的目标。

①双向环形沟通与协调模式的优点

采用双向环形沟通与协调模式，信息接收者有反馈意见的机会，更容易提高参与者的责任心，人际关系和管理双方的理解与合作关系容易得到加强。

②双向环形沟通与协调模式的缺点

在双向环形沟通与协调模式下，信息的发送者承受的压力比较大。如，在高校中，校长在举行座谈会、讨论会时，容易受到信息接收者的当面质疑，可能此时校长的压力就特别大。

虽然双向环形沟通与协调模式存在一定的缺点，但与单向线性沟通与协调模式相比，其更能促进高校管理对象参与管理。因此，现代高校管理组织更愿意采取这种模式进行沟通与协调。

（3）双向环形沟通与协调的原则

①参与原则

这一原则要求高校管理人员在询问问题、传播新观念、听取不同观点或意见的过程中，要采取一定措施，要让广大沟通对象自愿、积极、公开地参与到活动过程中来。

②交互原则

这一原则要求高校教育管理过程中信息发送者和接收者在双向交流中要相互尊重、关心，对特权或专家不能想当然地加以肯定，对管理者也不应该妄加指责。

③持续原则

这一原则是指在沟通与协调过程中，信息发送者与接收者要对一系列共同关注的问题持续进行探讨，任何一方在听取意见后都不能置之不理。信息发送者与接收者正确的做法是积极回应对方的反馈，并将可行性意见落实到行动上。

（五）高校教育管理过程中沟通与协调的方式

高校管理过程中沟通与协调的方式有很多，通常可将其分为以下几种：口头的、书面的、非符号语言、电子媒体等。

（1）口头沟通包括谈话、电话、会议、记者招待会等。

（2）书面沟通包括留言条、备忘录、信件和传真等。

（3）非符号语言沟通包括谈话过程中的体态、表情、语音语调等，以及书面沟通与协调中隐含的"言外之意"等，这是一种不通过语言文字或图像来传递信息的沟通方式。

（4）电子媒体沟通包括电子邮件和网页等。

每一种沟通与协调的方式都有其自身的优势和不足。

（六）高校教育管理过程中沟通与协调的策略

在高校教育管理过程中，信息发送者与接收者的沟通并非都是畅通无阻的。沟通与协调往往会受很多因素的消极影响，如信息量过大，导致管理人员无暇处理，造成信息被忽略；受到信息传递过程中其他相关信息的干扰，对信息内容产生曲解；信息接收者个人情绪化严重，影响思维和判断，对信息做出不合理的理解和应对等。为了取得更好的沟通与协调效果，高校管理者必须采取一定的策略，努力避免各种消极影响因素。

1. 明确沟通与协调的目的

在高校教育管理过程中，沟通与协调一般是以一定的目的为基础进行的。因此，信息发送者在正式沟通活动开始之前，要事先计划好沟通的内容，并明确沟通的目的。如果缺乏共同的目标，只是为沟通而沟通，那么沟通和协调将失去其实际的意义。

具体来讲，沟通与协调的目的，可以是单纯的交流信息；也可以是推行政策和制度，安排下级工作，激发工作热情；还可以是发起新的活动等。不管是什么样的目的，一般都应根据学校不同部门的工作性质和特点、要传递信息的具体内容以及要达到的效果来确定。

2. 充分把握沟通与协调的对象

高校中的任何一个人都是一个独立的个体，都具有自身的个性。不同的知识水平、社会经历、性别、年龄等，都会导致信息接收者对信息产生不同的理解。因此，为了减少信息接收者对信息的曲解，信息发送者必须充分把握沟通与协调的对象。一般而言，把握的具体内容包括以下几个方面。

（1）把握沟通对象语义理解方面的问题，如教师、学生和家长的不同理解方式和能力会使他们在解码沟通内容时可能得出不同的结论。

（2）把握沟通对象的社会地位、成长背景、学校内职务等。

（3）把握沟通对象所处的情境。根据所要传递信息的内容及想要达到的效果，高校管理者应该对沟通的时间、地点和形式都加以充分的考虑，以同情境相适应，这样才能实现有效沟通。

3. 把握信息的容量限度和时效性

在高校教育管理过程中进行协调与沟通工作时，很容易发生信息超载的问题。信息一旦超过信息接收者能够处理的范围，很多信息就会被忽略。如，在会议过程中，信息的接收者会收到大量的语言信息，同时会收到相当多的文字形式的会议资料，这些资料由于容量过大，就容易使信息接收者忽略某些信息。因此，信息发送者应该对信息进行筛选和整合，限制一定的容量。

信息是具有时效性的，它需要一定的时间才能被传递、理解，然后信息中包含的任务要求才会被执行。因此，在高校管理过程中，尤其是下达命令这样的单向沟通与协调，在下达关于完成某项任务的通知之前，管理人员应该预先估计该通知送达相关职能部门的时间，以保证任务的顺利开展和完成。

4. 选择适宜的沟通与协调方式

高校教育管理过程中的沟通与协调方式很多，如谈话、电话、会议、电子邮件、网页等。要想保持畅通的沟通渠道，沟通人员就必须选择最适宜的沟通与协调方式。通常情况下，应当根据沟通与协调的目标和沟通与协调的对象特点来选择沟通与协调方式。

5. 构建有效的沟通与协调网络

高校管理组织要想取得有效的沟通与协调效果，还应当努力构建各种有效的沟通与协调网络。以下几种网络在高校教育管理过程中就非常流行。

（1）正式的沟通网络，如与政策、程序、规则上传下达有关的管理网络，或者是与任务的指定和执行相关的网络。

（2）传播性网络，用以传播新闻和消息，如学校内的正式出版物、布告栏等。

（3）反馈性网络，用以接收建议、获取反馈信息或者解决已经出现的问题。

（4）与表扬、奖励和提升有关的人员激励和管理方面的网络。

6. 学会倾听

管理者的倾听行为是改善组织管理的重要方法之一。良好的倾听技术能够提高沟通与协调的有效性。因此，高校管理者一定要学会倾听。

在倾听过程中，高校管理者尤其要注意体会教师及员工的反应和情绪，注意其表情、手势、眼神等非言语沟通所暗含的态度。

要表现出乐于倾听的态度，要有耐心，可以主动提问以了解沟通对象的态度，同时核实自己所理解的是不是沟通对象的本意。

要正确对待来自下属的批评，分析批评产生的原因，在面谈过程中不要产生争执。

7. 及时处理冲突

所谓冲突，是指双方由于价值观念、评判标准等不同而产生的对事物的不同态度。冲突的范围很广泛，从观点的分歧到战争都是冲突的表现形式。基于对管理者的研究，有学者认为冲突的演变有以下六个阶段：差异、不一致、不和谐、争论、斗争、战争。冲突并不都是消极的，也有积极的因素。例如，差异会导致争论，但是同时也可以促进思考，许多问题可以通过争论来进一步明确。

在高校教育管理过程中，冲突往往可以根据双方的关系分为三类：一是管理人员之间由于管理理念或者处事方法的不同而出现的冲突；二是管理人员与被管理人员由于身份角色、任务分配、学校决策、绩效奖惩以及个人利益不同而出现的冲突；三是组织内成员在非正式交往过程中出现的冲突。

为了促进沟通与协调，管理者必须学会及时处理冲突。处理冲突的关键是认识冲突，明确冲突双方的意图，明确问题所在。

二、高校教育管理过程中的控制

控制是管理的一项重要职能。控制也是管理过程中不可缺少的一个重要部分。有时，管理的成败主要在于能否实施有效的控制。因为有效的控制是完成计划的重要保证，是实现组织目标的根本措施，是改进工作的有效手段。由此可见，高校教育管理必须重视控制。

（一）高校教育管理过程中的控制类型

高校教育管理过程中的控制主要有行政控制、内部控制和社会控制三种。

1. 行政控制

行政控制主要通过行政工作检查、监察、审计、督导等方式来进行。对高校来说，行政控制，一方面指教育行政部门对高校的监控；另一方面指高校内部的行政控制，如通过层级结构对学校各项事务进行行政管理。需注意的是，教育行政部门对高校的监控要限定在法定的范围内，对高校的行政管理主要体现在依法监督、检查和指导等方面，而不应该也不能够干预高校正常的办学事务和具体的管理事务。行政控制主要包括以下几种类型。

（1）规划控制

这是指根据教育规划来实施控制。教育规划，又称教育事业发展规划，是国家教育行政机关为了贯彻党和国家的教育方针、政策和法规，实现教育目标而制定的发展教育事业的指导性文件。在高校管理活动中，规划控制处于控制的核心地位。

（2）法规控制

这是指根据教育法规来实施控制。教育法规，即有关教育方面的法、法令、条例、规则、规章等规范性文件的总称，也是对人们的教育行为具有法律约束力的行为规则的总和。运用法规进行控制是当代高校管理法治化的具体体现。高校的法规控制主要体现在依法行政和依法治校中。依法行政，是指教育行政部门按照现有的法律法规管理高校教育并推动高校教育事业发展，或以教育法律法规为依据，结合本地区高校教育发展的实际需要，制定一些具体的教育规章制度，并要求高校执行这些规章制度。依法治校，是指高校根据现有的教育法律法规办学，或执行上级教育行政部门提出的政策或规定，或根据法律法规和教育政策制定适合本校实际的规章制度，以保证学校的日常运行。

（3）财务控制

财务控制，是指通过对一个组织中资金运动状况的监督和分析，对组织中各个部门、人员的活动和工作实施控制。在高校教育管理过程中，最常见的财务控制有预算控制、会计稽核和财务报表分析。预算是一种以货币和数量表示的计划，是关于完成组织目标和计划所需资金的来源和用途的书面说明。高校要实施好预算控制，首先应做好收支预算，通过收支预算可以有计划地分配和使用获得的经费；其次要对高校教育的规模、设备和服务进行预算。会计稽核主要是对高校财务成本计划和财务收支计划的审查，以及对会计凭证和账表的复核。会计稽核能够及时发现高校会计中存在的问题，进而采取相应的措施进行解决。财务报表是用于反映高校计划期末财务状况和计划期内的经营成果的数字表。分析财务报表，能够判断组织的经营状况，以便从中发现问题，进而解决问题。

（4）审计控制

在高校教育管理过程中，审计主要指教育系统内部审计机构、审计人员对财务收支、经济活动的真实、合法和效益进行独立监督、评价的行为。这种行为实际上是一种控制，这种控制可归纳为检查经济责任的控制系统。对高校来说，最基本的经济活动就是财政收支、财务收支及其他经济活动。这些活动贯穿于高校业务运作的全过程，内容错综复杂，牵涉方方面面，并直接影响高校自身的生存、竞争与发展前途。通过审计对高校的经济活动进行监控是教育管理过程中不可缺少的内容。

（5）督导控制

督导，即由教育督导组织及其成员根据教育的科学理论和国家的教育法规政策，运用科学的方法和手段，对高校教育工作进行监督、检查、评估和指导，以期促进教育效率和教育质量提高的过程。一般来说，教育决策主要由国家权力部门、政府及其教育行政部门做出；教育业务和行政控制主要由教育督导部门承担。通过有效督导能够提高教育决策执行的效果，可以及时发现问题和解决问题，同时还能够为决策者提供全面而及时的反馈信息，使新的决策更切合实际。

2. 内部控制

高校教育管理过程中的内部控制主要包括以下两个方面。

（1）检查计划的执行情况以发现偏离计划的行为

当高校的教学质量、管理绩效等与计划发生差异时，领导的责任就是立即组织检查，分析和查明产生差异的原因，确定责任归属。

（2）纠正偏离计划的行为

即针对产生差异的原因和责任归属，提出改进的办法，予以纠正，或进行适当调整，或追究行为人的责任，从而使学校各项教育活动纳入计划轨道，保证计划的正确执行和完成。

上述两个方面是相互关联、互为条件的。对计划执行情况的检查是纠正偏差的前提条件，而纠正偏差是计划执行情况检查的后续手段。只有将这两个方面充分结合起来，才能充分发挥内部控制的作用，达到内部控制的目的。

高校教育管理内部控制主要采用以下三种方式。

（1）制度控制

制度控制，是指通过高校的教育规章、准则等规范，限制高校内部成员的行为，以保证高校管理活动不违背或有利于自身战略目标的实现。通过制度进行控制，能够使教育工作者明确哪些是自己职责范围内的事情，以及怎样做好职责范围内的事情。在高校教育管理过程中，制度控制是应用最广泛的控制策略。

（2）激励控制

激励控制，是指高校管理组织通过激励的方式重点控制管理者及教职员工的行为，使其行为与高校的目标相协调。管理者及教师个人的行为动机、行为目标和行为方式都受到激励控制的诱导和支配。从层级角度看，激励控制包括高校领导者对中、高层管理者的激励机制，中、高层管理者对下级管理者及教师的激励机制。激励控制主要以利益导向为基本特征，通过利益约束机制规范管理者及教师的行为。

（3）评价控制

评价控制，是指通过对高校管理者及教职员工的工作按照一定的标准进行评价而实施的控制。评价控制主要包括战略计划、评价指标（指标选择、指标标准、指标计算）、评价程序与方法、评价报告、奖励与惩罚等环节。评价控制属于一种高层次的控制，要求学校有良好的校园文化，要求管理者具有较高的管理素质。

评价控制有明确的控制目标，有利于高校管理者及教师据此指导和纠正自身行为，有利于激发其在实现评价目标过程中的主观能动性。评价控制也存在一定的缺点，主要是缺少程序或过程控制，不利于随时发现和纠正偏差。

值得注意的是，奖励与惩罚是评价控制中非常重要的环节，不可忽视。通过奖励等手段能够激发高校管理者采取正确行动的内在积极性，诱导期望行为的发生；通过处罚等手段则能够在一定程度上防止不良行为的发生。科学合理的奖励和惩罚，可以使评价控制形成良好的循环。

3. 社会控制

高校不仅受政府、教育行政部门等的控制，而且受市场、社会力量的控制。市场控制主要指教育市场中的竞争环境控制着教育组织的运行。这种控制主要表现为要求高校办学必须向优质发展，要求教育决策必须民主化、透明化和公开化。

按照控制主体的不同，社会控制可分为以下几种。

（1）公民控制

这种控制主要是通过举报、申诉、控告、走访、行政诉讼和提出建议等具体手段对高校管理机构及其工作人员以及教师进行控制。

（2）舆论控制

这种控制主要是通过电视、广播、报刊、网络等对教育组织的实际情况进行报道和分析，以推动教育组织健康发展。它是以大众传媒为载体来反映公众对教育的意见和呼声。

（3）社团控制

这种控制主要是以团体为单位对高校的管理活动实施监控，与公民控制相比，社团控制更具组织性，控制力更大，影响力更强。

社会控制具有广泛性、及时性、公开性、灵活性等特点，可以动员广大民众对高校教育活动进行监督和控制。高校教育管理过程中社会控制也不可忽视。

（二）高校教育管理过程中控制的基本原则

无论使用何种控制方式，要想获得最佳的控制效果，控制工作就应当坚持一定的基本原则。高校教育管理过程中的控制应坚持以下基本原则。

1. 客观性原则

高校教育管理过程中的控制是通过纠偏来保证实现学校目标的，因此，控制信息要力求准确，控制标准要力求客观。不准确、不客观不仅会影响工作进展，还会降低教育工作者的积极性和工作热情。坚持客观性原则，需要注意以下两个方面。

（1）尽量建立客观的衡量方法，对绩效用定量的方法来记录并评价，把定性的内容具体化、客观化。

（2）教育管理人员要从学校组织的角度来观察问题，尽量避免形而上学，避免个人的偏见和成见，特别是在绩效的衡量阶段，要以事实为依据。

2. 及时性原则

在高校教育管理过程中,实际情况往往是复杂多变的,控制不仅要准确,还要及时。如果丧失良机,即使提供准确、客观的信息也无济于事。及时不等于快速,及时是指当决策者需要时,控制系统能适时地提供必要的信息。坚持及时性原则,需要注意以下几个方面。

(1)及时准确的提供控制所需的信息,避免时过境迁,使控制失去应有的效果。

(2)事先估计可能发生的变化,使采取的措施与已变化了的情况相适应,即纠偏措施应有一定的预见性。

(3)尽可能地采用前馈控制方式或预防性控制措施,一旦发生偏差,就对未来的情况进行预测,使控制措施能够针对未来,较好的避免时滞问题。前馈控制,是指根据对组织未来的运行预期情况,及时预告组织运行可能出现的问题,提醒组织的有关部门或个人准备好对策。

3. 灵活性原则

未来的不可预测性总是客观存在的。在高校教育管理过程中,如果控制不具有弹性,则在执行时难免被动。为了提高控制系统的有效性,就要使控制行为具有一定的灵活性。贯彻控制的灵活性原则,需要特别注意以下几个方面。

(1)高校管理者应制定多种有弹性的和能替代的方案,以保证控制在发生某些未能预测到的情况(如环境突变、计划疏忽、计划失败等)时仍然有效。

(2)高校管理者应采用多种灵活的控制方式和方法来达到控制的目的。需要特别注意的是,不能过分依赖正规的控制方式,如预算、监督、检查、报告等。过分依赖这些控制方式可能会导致指挥失误、控制失灵。

4. 控制关键点原则

客观来说,高校管理者不可能控制工作中所有的项目,而只能针对关键的项目且仅当这些项目的偏差超过了一定限度,足以影响教育目标的实现时才予以控制纠正。因此,控制工作还应坚持关键点原则,也就是抓住活动过程中的关键和重点进行局部的和重点的控制。

在高校教育管理过程中,影响教育组织目标实现的主要因素就是需要控制关键点。如,学校是否依法办学、学生质量是否保证、教师工作的积极性是否被调动、学校的效率和效益是否提高等都是控制的关键点。

特别容易出问题的薄弱环节,也是控制的关键点,需要管理者格外关注。

控制过程中的例外情况,也是控制的关键点。例外情况的出现,由于缺乏事先准备而极易措手不及,从而对组织造成很大的影响。因此,管理者要集中精力迅速且专门地加以解决。

为了使关键点明确和便于操作,管理者应对关键点的标准做出具体的规定,可以定出实物标准、定量指标标准、定性无形标准和策略标准。无论何种标准都必须是相对客观的、可以衡量的、可以操作的,不然就无法发挥关键点的作用。

5.经济性原则

高校教育管理过程中的控制是一项需要投入大量的人力、物力和财力的活动。这项活动涉及很多费用问题,因而必须把控制所需的费用与控制所产生的效果进行经济上的比较。这就是控制的经济性原则。坚持这一原则,管理者需要特别注意以下两个方面。

(1)实行有选择的控制,要正确而精心地选择控制点,太多会不经济,太少则会失去控制。

(2)努力降低控制的各种费用,提高控制效果,形成有效的控制系统。

第三节　高校教育管理过程中的激励机制

一、激励的概念

激励,是指通过一定的手段激发人的动机,使人产生一种内在的动力,并朝着所期望的目标努力的活动过程。从本质上分析,激励就是探讨人的行为动力,即如何调动人的工作积极性,从而实现个人和组织的目标,提高工作绩效。每个人的积极性都可以分为内在积极性和外在积极性,所以激励也就相应的有内在激励和外在激励。

内在激励涉及人的自我肯定和自我发展,是个人通过自身的信念和素养,为自己设立合理的目标,给自己鼓舞士气,并持续投入热情和努力工作的心理过程。外在激励,则主要是通过组织和他人创设各种条件来激发内部成员工作积极性的过程。两者既对立又统一，从根本上来说，外在激励必须转化为内在动力才能真正有效地指导人的行为向预期目标发展。

激励对管理有着极为重要的意义。正如美国管理学家哈罗德·孔茨所说，"领导者和主管人员（如果是有效的主管人员，几乎肯定是领导者）假如要设计一个人们乐意在其中工作的环境，就必须使这个环境体现出对个人的激励作用""一个主管人员如果不知道怎样激励人，便不能胜任这个工作"。

在高校教育管理过程中，激励行为往往包括多个层次，既包括高校管理者对教师的激励，也包括教师对学生的激励，还包括每个成员的自我激励；既包括对这些教育个体的激励，也包括对教育集体的激励。由于高校教师是高校教育管理的主体力量，因此，高校教育管理的激励工作重点就是对高校教师的激励。

二、激励理论及其对高校教育管理的启发

激励理论是行为科学中用于处理需求、动机、目标和行为四者之间关系的核心理论。随着社会经济的发展，社会上出现了多种激励理论。以下介绍几种主要的激励理论。

（一）需求理论

在需求理论学派看来，人的行为是由需求引起的，从人的需求出发去解释"行为"，可以理解为"追求需求的满足"。需求主要从两个方面来解释人的行为：一方面，需求是个人或个体行为的动力或源泉；另一方面，需求是人的行为个性或特性的依据。当代西方最受认同的需求理论是马斯洛需求层次理论。

马斯洛是美国著名的心理学家。他于1943年出版的《人的动机理论》一书中提出了需求层次理论。他认为，人类价值体系中存在着两类不同的需求，一类是沿生物谱系上升方向逐渐变弱的本能或冲动，称为低级需求和生理需求；另一类是随生物进化而逐渐显现的潜能或需求，称为高级需求。马斯洛将人的基本需求归纳为以下五类。

1. 生理需求

这是人类最原始的最基本的需求，包括满足人的生存所必需的衣食住行等。

2. 安全需求

这是要求劳动安全、职业安全、生活稳定的需求，希望免于灾难，希望未来

有保障，要求有劳动防护、社会保险、退休金等保障。

3. 社交需求

社交需求又称为归属和相爱的需求。当前两项需求基本满足之后，社交需求就成为强烈的动机。人们希望和周围的人保持友谊，希望得到信任和友爱，人们渴望有所归属，成为群体的一员。

4. 尊重的需求

社会中的人有自我尊重和被别人尊重的愿望和需求。

5. 自我实现的需求

这是指人们希望完成与自己的能力相称的工作，使自己的潜在能力得到充分发挥，成为所期望的人物。

马斯洛指出，这五种需求像阶梯一样从低到高，但这种次序不是完全固定的，是可以变化的，也有例外情况。如果一个层次的需求相对满足了，就会向高一层次的需求发展。当然，这五种需求不可能完全满足，越到上层，满足的百分比越低。

同一时期内，可能同时存在几种需求，因为人的行为是受多种需求支配的，但是，每一时期内总有一种需求是占支配地位的。任何一种需求都并不因为下一个高层次需求的发展而消失，各层次的需求相互依赖与重叠，高层次的需求发展后，低层次的需求仍然存在，只是对行为影响的比重降低而已。当需求满足了就不再是一股激励力量。

需求理论在一定程度上反映了人类行为和心理活动的共同规律，从人的需求出发研究人的行为，抓住了问题的关键。基于这一理论，要想调动高校教师的积极性，高校管理者既要注意到每个教师的不同需求，又要了解他们各自的需求层次，尽量提供条件满足他们的相应需求。

（二）期望理论

期望理论是由美国心理学家维克托·弗鲁姆于1964年在《工作和激励》一书中提出的。所谓期望，是指一个人根据以往的经验在一定时间里希望达到目标或满足需要的一种心理活动。期望理论具有一个固定的公式：

激励力量 = 效价 × 期望值

在这一公式中，效价是指个人对他所从事的工作或所要达到的目标的估价，也可以理解为被激励对象对目标的价值看得有多大。在现实生活中，对同一目标，由于每个人的需求不同，所处的环境不同，他们对该目标的价值评估也往往不同。期望值是指个人对某种目标能够实现的概率的估计，也可理解为被激励对象对目标能够实现的可能性大小的估计。期望值也叫期望概率。在日常生活中，个人往往根据过去的经验来判断一定行为能够达到某种结果或满足某种需求的概率。

在期望理论中，期望值和效价的不同组合会出现以下四种情况。

第一，效价低，期望值也低，则激励力量最低。

第二，效价低，期望值高，则激励力量低。

第三，效价高，期望值低，则激励力量低。

第四，效价高，期望值也高，则激励力量高。

很显然，当效价和期望值都高时，激励力量才会大，才能充分调动人的积极性。因此，根据期望理论，以某种方式行动的可能性的大小，取决于该行动达到某种结果的期望值的大小和这种结果的价值或吸引力的大小。

期望理论对高校管理者有以下两点启发。

第一，要采取大多数教职员工认为效价最大的激励措施，而不是泛泛地使用一般的激励手段。

第二，要将期望值控制在合理范围内，期望概率比实际概率高出太多可能会遭遇挫折，低出太多又削弱了激发力量，而且这个期望值不能是空想出来的，而要建立在以往相关经验和被激励者能力的基础上进行估计。

（三）归因理论

归因理论是由美国心理学家弗里茨·海德进一步发展需要激励理论而提出的。所谓归因，是指人们对他人或自己的行为进行分析，指出其性质或推论其原因的过程。事实上，人们对自己和周围人的行为常常会不自觉地进行归因分析。

一般来说，如果把成功归结为内部原因，会使人感到满意和自豪；如果把成功归结于外部原因，则会使人感到惊奇和感激。如果把失败归结于内因，会使人产生内疚和无助感；如果把失败归结于外因，则会使人产生气愤和敌意。如果把成功归因于稳定性因素，会提高今后工作的积极性；如果把成功归因于不稳定性因素，则今后工作的积极性可能提高，也可能降低。

海德认为，有成就需要的人通常会把成就归因于自己的努力，把失败归因于努力不够。反之，成就需要不高的人的归因则相反。他还认为，教育和培训将使人在成就方面发生激励变化并促进激励发展。

在归因理论的启发下,高校管理者要想激励教师,就应了解教师的归因倾向,帮助他们正确认识成功与挫折。当教师在工作中遇到挫折时,应帮助他们寻找原因,引导他们继续保持努力行为,争取下次的成功;更应注意教师工作成功的归因,即将成功归之于自身的努力,从而增强其积极性,使其取得更大成就。

(四)双因素理论

双因素理论是由美国心理学家弗雷德里克·赫茨伯格提出的。他在《工作的激励因素》《工作与人性》等著作中都阐述了双因素理论的基本观点。他认为,影响人行为的因素可以划分为保健因素和激励因素两类。这两类因素对人的行为发挥着不同的作用。

1. 保健因素

保健因素也叫维持因素,主要是指工作的环境因素,包括工作条件、工资水平、社会地位、同事关系、监督方式、组织的政策和管理等。这些条件必须维持在一个可以接受的水平上,否则,就会引起员工的不满。但是,这些因素不会对员工起激励作用,不会激起员工的工作主动性和创造性,而只能避免员工因不满而出现怠工现象。

2. 激励因素

激励因素也叫满意因素,主要是指与工作本身性质有关的因素,包括使员工感到满意的工作成就感,得到认可的工作业绩,具有挑战的工作,工作中的机会和责任、权利等。这类因素若得到满足,将会对员工起到强烈的激励作用,从而促进生产率的提高。因此,赫茨伯格提出了"工作扩大化""工作丰富化"的设想,主张工作内容更加广阔、更加丰富多样、更加富于挑战性,即加重工作的责任,提高其难度,以满足员工的成就感、荣誉感等高层次的需要,从而激励职工的积极性。

保健因素是基础,激励因素是发展和提高。管理者只有把两类因素有机地结合起来,才能更好地激发员工的积极性、主动性和创造性。高校管理者在高校教育管理过程中实施激励时,要重视保健因素和激励因素,尤其要关注激励因素。如,要想激励教师,不仅要改善教师的工作环境,更重要的是对教师多给予肯定和认可,多提供发展和提升的机会,多安排有挑战性、有意义的工作,从而起到真正的激励作用。

(五)目标理论

目标理论是由美国管理学兼心理学教授埃德温·洛克于20世纪70年代提出的。他强调研究目标的重要性,并且围绕目标的激励作用做了深入探索。

所谓目标,是指在一定的时间内所要达到的具有一定规模的期望标准。简单来说,就是人所期望达到的成就和结果。目标是一种刺激,合适的目标能诱发人的动机,规定行为方向。管理心理学把目标称为诱因。由诱因引发动机,再由动机达到目标的过程就是激励过程,也就是调动人的积极性的过程。

洛克构建的目标激励模式指出,目标的绩效是由目标的难度和目标的明确性组成的。其中,目标难度是指目标要具有挑战性,必须经过努力才能实现。目标的明确性是指目标导向必须是具体的,是可以测定的,如用数字来表明目标等。作为一种激励理论,目标理论主要强调通过目标的设置来激励人们的动机、指导人们的行为,使个人的需要、期望与组织的目标挂钩,以此来充分调动人的积极性。

目标理论提醒高校管理者在实施激励时,要注意为激励对象制定合理的目标,并善于运用目标管理的技术,共同设计目标,逐层分解目标,及时评判结果并采取相应的激励措施。

(六)公平理论

公平理论是由美国心理学家斯塔西·亚当斯在《社会交换中的不公平》一书中提出的。该理论主要分析了工资报酬分配的合理性、公平性及其对员工生产积极性的影响。亚当斯认为,人们总是要将自己所做的贡献和所得的报酬,与一个和自己条件相当的人的贡献与报酬进行比较,如果这两者之间的比值相等,双方就都有公平感。

公平理论主要包括以下几个观点。

(1)职工对报酬的满足程度是一个社会比较过程。

(2)一个人对自己的工作报酬是否满意,不仅受到报酬的绝对值的影响,而且受到报酬的相对值的影响。

(3)人需要保持分配上的公平感,只有产生公平感时才会心情舒畅,努力工作。

公平理论启发高校管理者在实施激励的过程中,不仅要注意到某个人,还要考虑与其基本情况大致相同的参考对象,要在高校教育管理过程中坚持平等公正的原则。在待人接物、工作任务分配、职位提升机会和工资待遇调整等方面都要公正合理，制度和程序上尽量公开公平。

（七）强化理论

美国新行为主义者伯尔赫斯·弗雷德里克·斯金纳于1938年提出了操作性条件反射学说。这一学说是通过实验得出的。

斯金纳专门设计了斯金纳箱进行迷笼实验，用以研究操作性条件。此箱内设一杠杆，杠杆与食物仓相连，推开杠杆后即可打开食物仓，白鼠就可以吃到食物。斯金纳利用这一实验来研究白鼠的操作性行为，之后又在其他动物和人身上进行了类似的实验。通过实验，斯金纳得出，如果一个操作发生后，接着给予一个强化刺激，那么其强度就会增加，强化刺激可以增加某一行为反应发生的概率。在斯金纳的操作性条件作用中，强化具有重要作用，因此其行为原理也被称为操作强化学说。

将操作强化学说应用于管理中，就产生了激励。管理者对被管理者的某种行为给予肯定和奖赏，并使这个行为得到巩固、保持、加强，这叫作正强化；对某种行为给予否定和惩罚，使之减弱、消退，就叫作负强化。正、负强化都是强化的方式和手段。在科学管理过程中，把正强化和负强化结合起来应用得当，就可以对被管理者的行为进行定向控制和改造，最后引导到预期的最佳状态。

强化理论启发高校管理者要对被管理者的行为做出及时、适度的反应，尤其面对从事文教事业的教师，要尽量使用正强化，慎重使用负强化，从而使认可和奖励成为一种经常性和持续性的激励方式。

三、激励在高校教育管理过程中的意义

（一）促进高校人力资源的充分开发

激励程度或水平往往在很大程度上决定着人的行为表现，激励水平越高，人在行为上表现得就越积极，行为效果也就越显著。美国心理学家威廉·詹姆士在对员工的激励研究中发现，按时计酬的员工仅能发挥其能力的20%~30%，而受到充分激励的员工其能力可发挥至80%~90%。这充分说明，在激励之下，一个人将发挥出更大的作用和潜能。

在高校教育管理过程中，管理者利用有效的方式多激励教职员工，可以充分

释放教职员工自身的智力和能量，使他们主动挖掘自身潜力并投入到教育工作中。这无疑非常有助于充分开发高校的人力资源。

（二）增强高校内部的凝聚力

凝聚力，即群体成员之间的相互吸引力，或使群体成员愿意留在群体内的力量。在高校教育管理过程中，有效的激励能够吸引和留住优秀的教育人才。

一方面，激励是心灵沟通和双向反应的过程，这个过程能够强化人际信任，提高高校的组织承诺水平。

另一方面，激励有助于将个人目标引导到高校总体目标上来，增强高校教职员工的认同感和归属感，提高全体教职员工的士气。

从上述来看，激励确实有助于增强高校内部的凝聚力。

（三）促进个人目标和组织目标的统一

在高校教育管理过程中，个人目标和组织目标占据着同样重要的地位。然而，这两个目标也常常处在对立的状态中。高校教职员工的个人目标如果与组织目标是相对立的，那么就很容易造成教职员工心理上的排斥和工作上的懈怠。这会严重影响高校的教育和管理效果，进而影响学生的成长和发展。

实际上，个人目标和组织目标是可以统一的，也应当统一。激励就能够促进个人目标与组织目标的统一。关键是高校教育管理者要深入理解教育的本质，提出学校的最终目标是促进学生发展和推动教育事业进步，是需要教职员工共同来完成和实现的。尤其对高校教师来说，这样会使其意识到学校的最终目标与自己的职业理想是一致的，就会更认同自己的职业和工作，就会努力把工作当作实现个人目标的最有效途径。

（四）帮助管理者协调利益分配中的矛盾

由于利益主体存在着个体差异性和需要的多样性，因此，在高校教育管理过程中，有关利益分配的矛盾总是难免的。面对各种矛盾，如果管理者能针对不同的个体和需求，采取有针对性的激励措施，就能取得较好的效果。

具体而言，高校管理者要注意收集和分析各种信息，将不同性质的利益分配给有不同需要的教职员工。如，对经济条件差的教师应主要分配物质性利益；对家庭有人需要照顾的教师应提供一些时间上的便利；对注重成长的教师应多提供一些参加培训的机会。

（五）促进高校管理者管理水平的提高

对高校管理者来说，要想更好的实施激励，就必须不断努力学习激励理论，不断积累丰富的激励经验。这一过程其实能够提高管理者自身的素质和能力。

通过激励，高校管理者不仅可以掌握心理学知识、管理学理论，还可以锻炼沟通技巧和协调利益的本领等。激励有助于提高高校管理者的管理水平。

四、高校教育管理过程中激励的模式

（一）目标激励模式

目标激励模式，是指通过设置合理的目标，使被激励者产生一种内在动力，进而努力工作以实现目标的模式。这种激励模式一般包括以下三个步骤。

1. 设定目标

目标的设定千万不能盲目，而要遵循科学性原则。这主要体现在以下两个方面。

（1）目标要明确具体，要尽量用量化的标准来说明目标，如不能量化，也要用准确规范的定性语言来表明，避免目标存在模糊性。

（2）目标既要有挑战性，又要能通过努力而达到。

设定目标要把握好一个度，目标定得过低会使人失去斗志，定得过高又可能造成挫败感和畏难情绪。

2. 实施目标

在目标的实施阶段，要特别注意目标过程的反馈。管理者要提醒和帮助教职员工保持清醒的头脑，确保自己的行为在正常的轨道之内，要对好的结果给予肯定，鼓舞人心，对坏的结果客观分析，及时纠正。

除此之外，管理者还要注意将总目标细分成多个子目标或阶段目标，因为每一个目标的实现都会对教职员工产生激励作用，它是一个连续和累加的激励过程。

3. 实现目标

目标经过努力得以实现,是这一轮激励的终点,又是新一轮激励的起点。在不断实现目标的过程中,个体会不断获得激励和进步。

(二)参与激励模式

随着时代的进步、经济政治体制的改革、民主管理思想的发展,高校教职员工也越来越广泛和深入地参与到学校管理中。

高校教职员工参与学校管理能够使他们充分感受到领导者对自己的信任,感受到自己在学校中处于主人翁地位,体验到自己的利益同组织的利益和发展是密切相关的,从而产生强烈的责任感。这就能很好的发挥激励作用。参与激励模式就是基于这种情况提出来的。

高校教育管理过程中的参与激励模式有以下三个基本要求。

(1)高校管理者与教职员工都要对学校的外部环境、内部情况和问题性质有较全面的了解。

(2)高校管理者要善于倾听和接受不同的意见,宽容待人,客观对事。

(3)虽然参与管理本身是对教职员工的激励,但管理者在教职员工的参与过程中也要注意随时对他们进行激励。如,当参与者提出建设性或创新性建议时要及时给予表扬和肯定,这些会进一步激励教师踊跃参与管理、贡献心智。

(三)利益激励模式

利益是人们为了需求,通过社会生产或者以和谐交往为主所得到的好处或者所拥有的资源,体现了主体对客体的一种价值判断。利益有广义和狭义之分。从广义上来说,利益包括物质、权力、名誉、精神等内容,是多面性的。从狭义上来说,利益主要是指物质、权力等能直接带来经济价值的东西。利益激励模式就是通过满足个体的利益需求来达到激励的目的。

这一激励模式启发高校管理者必须正视和肯定合理的利益要求,要创造条件尽量满足教职员工的利益需求,并引导他们正确利用所得利益去更好地生活和发展。由于利益涉及价值判断,每个人的价值观和选择标准不同,有的高尚一些,有的自私一些,所以高校管理者要引导教师正确地对待和追求利益。

利用利益激励模式实施激励,高校管理者还要处理好组织利益与个人利益的关系。高校管理者应首先关注教职员工的个人利益,因为这是他们最关心和最渴望得到满足的,所以激励效果也最好。个人利益与组织利益并不是水火不相容的,组织利益影响着个人利益,管理者还应将个人利益与组织利益有机结合起来。

(四)情感激励模式

只有外部的诱因而没有内心情感的共鸣,是难以最大限度地激发人的积极性的。高校管理者不应忽视那些涌动于内心的情感激励。情感激励模式强调通过尊重、理解、信任来激励个体。事实证明,这种心灵上的激励往往比物质激励更有效。

1. 尊重激励

在高校中,任何一个教职员工的工作都是值得尊重的,同时他们自身也有强烈的自尊需要。尊重是情感激励模式中最为重要的一种形式。采用尊重激励形式,高校管理者应注意以下几个方面。

(1)高校管理者要认识到自己与教职员工是平等的,自己的权力和地位只能代表在高校中分工和职能的差异,而不应有任何的优越感和特殊性。

(2)高校管理者要认识到尊重表现为自由沟通和善待差异,尊重他人就要给他人表达或表现自己的机会,学会倾听教职员工的意见。当出现差异甚至冲突时,高校管理者要分析教职员工意见的合理性,要虚心接受正确的建议,有技巧地引导偏离的观点,切不可使用命令性或过激的言语。

(3)当教职员工出现不能控制情绪的情况时,应宽容以待,找一个情绪平复后的合适机会耐心交流,使其能深刻体会到高校管理者对他的尊重。

2. 理解激励

理解激励就是高校管理者要能够设身处地地站在教职员工的角度想问题,而不仅仅只考虑自己或自己所在利益团体的立场。高校管理者要尽量走入基层,走进教职员工的工作和生活,才能更了解他们的辛苦和困惑,更理解他们的意见和行为。教职员工感受到被理解,自然更愿意努力工作,创造更大的价值。

3. 信任激励

在管理中,管理者如果对被管理对象给予期许和肯定,一般能获得积极向上的结果。这其实就是信任的作用。作为一种情感,信任可以很好地激励个体。在高校教育管理中,高校管理者可以通过委任教职员工重要的工作、肯定教职员工的能力、欣赏教职员工的人格、与教职员工建立友谊等来表达对教职员工的信任,这能让教职员工感受到管理者对其工作的关注和认可,激发其责任感和积极性。

高校管理者采用信任激励方式需要注意以下几点。

（1）合理授权。当因工作需要给下属授权时，管理者应认识到放权不是放任，也不是弃权，而是更高意义上的指导和激励。

（2）一旦任务确定并宣布交给某人，除非特殊情况，一般不应再有变动，要表现出充分的信任和关心，否则会严重伤害教职员工的自尊心。

（3）善于发现教职员工的闪光点，用欣赏的眼光而不是苛求的态度对待教职员工。

五、高校教育管理过程中激励的方法

高校教育管理过程中激励机制的建立并不是一件简单的事情。高校管理者不仅要充分考虑多方面的因素，还要根据实际情况，有针对性地采取恰当的激励方法，并注重各种方法的有机综合，力求实现全方位、全过程、全员的最佳激励。这样，才能真正调动高校全体教职员工的工作积极性。激励的方法有很多，但高校常用的激励方法主要有奖惩激励法、榜样激励法和工作激励法。

（一）奖惩激励法

奖惩激励法，是指通过奖励或惩罚来激励人。美国心理学家爱德华·李·桑代克的效果律，就是最早关于外部奖赏作用的研究。效果律包括奖赏和惩罚。桑代克曾经用小鸡进行心理学实验，他发现，奖赏和惩罚都会影响员工的工作动机，而且一般情况下奖赏的作用要大于惩罚。

1. 奖励方法

奖励一般分为物质奖励和精神奖励，物质奖励主要是增加工资、津贴或奖金等；精神奖励主要是各种形式的表扬和授予荣誉。表扬又有口头表扬和书面表扬两种形式，口头表扬即用语言直接表达出肯定和赞赏，书面表扬则是用书面记录下来的认可，如先进工作者的荣誉证书。其中，物质奖励是激励的基础，精神奖励是更深层次的激励，二者应有机结合，共同使用。

使用奖励方法时，高校管理者要充分注意以下几个方面。

（1）奖励必须建立在对事实全面了解的基础上，被奖励人员确实做出了值得奖励的事情。如果不全面了解，可能导致一些努力工作的人由于不善表达或表现而被忽略，而受奖励的人并不是贡献最大的人。

（2）奖励必须是对被奖励者有较高价值的，即被奖励者认为这项奖励对自己有重要意义。如果该项奖励不是被奖励者所需要的，就达不到激励效果。

（3）奖励要做到物质奖励与精神奖励相结合、口头表扬与书面表扬相结合、工作绩效与奖金分配和发展机会相结合。

2. 惩罚方法

在高校教育管理过程中，只奖不罚是不妥当的一种做法。激励有正激励和负激励，而适当的惩罚就是一种负激励。适当的惩罚能够从另一个角度告诉员工哪些行为是组织不认可、要避免的行为。当然，惩罚容易引发副作用，如产生不满、伤害自尊和关系紧张等，在高校中要慎重使用。

使用惩罚来进行激励时，高校管理者要注意以下三点。

（1）分析问题的性质，采取有针对性的惩罚方式。对人员的严重失范行为或违法行为，如故意泄露试题就要公开处理，严惩不贷；而对一般过错，如迟到、早退就不应该严惩，单纯的进行罚款、批评教育等就可以。

（2）坚持"对事不对人"原则。惩罚的最终目的是终止不规范行为而转向组织期望的目标，一定要就事论事，客观公正，不能借机羞辱、报复。

（3）当被惩罚的人员已经改正时，应及时肯定和鼓励，并酌情减轻或撤销惩罚。

（二）榜样激励法

榜样激励法，是指通过满足人的模仿和学习的需要，引导他们的行为向组织目标所期望的方向发展。在高校教育管理过程中，通常利用某些典范人物的高尚思想、模范行为和卓越成就来激励高校教职员工的上进心和积极性。

运用榜样激励方法要注意以下方面。

（1）选对榜样。所选榜样不应该是遥不可及的，而应与高校教师的工作或情感是贴近的，有关联的，这样才能引起广泛的共鸣。

（2）高校管理者自身应争取做个榜样。具体来说，管理者自身要行为端正，不能特权搞特殊，要更加严格地要求自己，爱岗敬业。

（3）引导高校教职员工善于发现身边的榜样，并参照榜样来激励自己。

（4）宣传榜样的事迹要力求真诚、平实，不要过分渲染甚至走形式化，否则会适得其反。

（5）所选榜样要发挥作用，前提是能引起高校教职员工的反思，能激发其敬仰的情感并以此调节自身行为。

（三）工作激励法

工作激励法，是指通过改变分配工作任务和职责的方式来激励高校教职员工的工作动机，以提高其工作满意度和自我实现感。这种工作激励法的核心是进行工作再设计。工作再设计往往能够使教师对工作本身感兴趣，从而增加责任感和成就感。以下是几种主要的工作激励法。

1. 工作扩大化

这是指通过横向扩大工作范围，增加同类工作的数量来减少高校教职员工对工作的枯燥感。当然，运用这种方法要注意处理好教职员工疲惫的问题，否则，只会增加教师工作的负担而起不到任何的激励效果。

2. 工作丰富化

工作丰富化旨在向高校教职员工提供更具挑战性的工作。进一步讲，它是对工作责任的垂直深化，能够使高校教职员工在完成工作的过程中，有机会获得成就感、认同感、责任感和促进自身发展。

高校管理者在工作丰富化的过程中，要做到使教职员工工作的难度与其能力相匹配，工作的责任与授予教职员工的权力相结合，并要把有关的工作业绩及时反馈给教职员工。

3. 工作轮换

工作轮换，是指让高校教职员工定期从一种工作岗位轮换到同一水平、技术相近的另一个更具挑战性的岗位上去。

4. 实施弹性工作制

弹性工作制，是指高校对教职员工的工作时间不做统一规定，在保证完成一定工作任务或固定工作时长的前提下，员工可灵活、自由地安排时间。对高校教师而言，他们既要承担教学任务又要从事科学研究，而且很多教师对研究环境、最佳学习时间都有一定的要求，如果只拘泥于形式，严格要求坐班，可能导致研究数量和质量的下降。因此，弹性工作制无疑比较符合高校教师工作的特点。

弹性工作制还充满了人性化关怀，能够使教职员工更好地平衡工作与生活，在工作时精力更充沛，情绪更饱满，工作效率更容易提高。可见，高校实施弹性工作制能够起到较好的激励作用。

第四章 教育信息化背景下高校教学管理机制的构建

第一节 高校教学管理信息化的发展趋势

为了有助于进一步理解高校教学管理信息化，本章将对高校教学管理信息化涉及的核心概念进行界定，进而明确其含义，阐述高校教学管理信息化研究的相关理论。

一、高校教学管理信息化研究的相关概念

（一）信息化的含义

信息化的概念最初起源于20世纪60年代的日本。1963年日本学者梅棹忠夫在其《论信息产业》一文中提出了信息化的概念，他认为信息化是通信现代化、计算机化和行为合理化的总称。而西方社会在20世纪70年代后期才开始普遍使用信息化的概念。我国关于信息化的表述，在学术界和政府内部也都做过较长时间的研究和讨论，其定义随着时代的发展而不断更新。当前我国信息化最新的定义来源于《2006—2020年国家信息化发展战略》，具体表述为：充分利用信息技术，开发利用信息资源，促进信息交流和知识共享，提高经济增长质量，推动经济社会发展转型的历史进程。

（二）高校教学管理的含义

教学管理是为了实现教学目标，按照教学规律和特点，对教学过程的全面管理。高校教学管理是高校进行教学的重要工作之一，是指高校管理者依据一定的教育思想，通过一定的管理手段，本着遵循教学规律和管理规律的原则，对教学过程进行计划、组织、指挥、协调、控制，维持高等学校正常的教学秩序，以期达到教学资源的优化配置，使教学活动达到学校既定的人才培养目标的重要过程。高校教学管理在高等学校不仅仅是一般意义上的行政管理，还是兼有行政管理和学术管理双重职能的一门学科，是一门研究高等教育的教学管理思想、本质、方法、内容、规律及特点的学科，是研究"以教学为中心，以高水平的教学质量为目标，以科学管理为主线"的教学及其组织管理的客观规律与内在联系的学科。一般认为现代高校教学管理的研究理论主要基于教育心理学、教育管理学、高等教育学、教育技术学等教育学和管理学的相关学科。

（三）高校教学管理信息化的含义

管理信息化是以信息化带动工业化，实现企业管理现代化的过程。它是将现代信息技术与先进的管理理念相融合，转变企业的生产方式、经营方式、业务流程、传统管理方式和组织方式，重新整合企业内外部资源，提高企业的效率和效益，增强企业竞争力的过程。

高校教学管理信息化是管理信息化思想在高校教育管理领域的衍生，是指在现代教育思想指导下，利用计算机、网络通信及多媒体等现代化信息技术，对高校教学过程进行管理，从而达到既定教学目标的状态或方式，是信息技术在高校教育管理领域的具体应用。高校教学管理信息化依托先进的信息技术，依据现代高等教育与管理思想，改变高校传统的教学管理方式，通过对教学过程实施高效率的计划、组织、指挥、协调、控制，以实现高校教学目标。高校教学管理信息化不仅意味着高校教学管理信息系统相关硬件、软件平台的开发建设，更包含了教学管理理念的现代化、科学化和高效化。

（四）高校教学信息化管理模块

为了改善教学管理机制和教学运行机制，高校需要构建完善的校园网络，从而实现教学管理信息共享、分散操作、集中化管理模式。创新传统教学管理模式，能使教学管理模式向综合化、智能化、无纸化以及数字化发展。学生和教师通过校园网络交换信息、浏览信息，构建完善的信息化教学管理模式，可以使教学管理工作更规范、准确、方便。通过应用网络信息化，可以方便向学生发布学习成绩、课程变化、选课情况以及考试安排等相关工作内容。教学管理信息化采用多元化的教学管理模块信息系统，可以提高教学管理质量。教学管理系统模块主要包括学生学籍管理、校内系统管理、学生注册管理、维护公共信息管理、课程管理、选课管理等信息化管理模块。

1. 学生学籍管理

信息化学籍管理模块可以帮助维护学生的学籍信息，同时给学生提供查询相关信息的方式。根据学生学籍数据的实际情况，形成数据上报文件和高级报表。

2. 校内系统管理

通过设置系统参数、系统工具以及用户管理等方式，维护教学系统升级并科学地管理教学消息等。

3. 学生注册管理

采用信息化管理模式，在每个学期开学以后便于学生注册，提高学生注册管理效率。

4. 维护公共信息管理

教学管理时应用信息化能维护公共信息管理，为学生提供基础数据集，主要包括教学管理信息代码、学校公共代码、校内教务系统公共代码、选课代码、成绩代码以及课程信息代码等。

5. 课程管理

合理应用信息化技术，可以为学生提供课程信息平台，主要包括选课、排课、教学计划、学生成绩管理等。

6. 选课管理

其方便学生浏览学校制定的相关规章制度、教师基本信息等，方便学生据此生成个人课表。教学管理人员可以通过用户端查询、调整学生选课的数据。

应用信息化技术，可以提高教学管理系统的稳定性，优化教学管理模式。采用综合教学管理方式，可以充分发挥信息化优势，有利于提高教学管理工作质量，避免在教学管理过程中出现漏洞，可以给管理人员提供可靠的数据支撑。高校要逐渐完善教学管理系统，提高教学管理信息的安全性，有效实现教学管理工作信息化、规范化、科学化。

（五）信息化在教学管理中的作用

1. 有利于提升教学管理效率

传统的教学以课本教学为主，传统的以教师为核心的单向知识输出模式，容易导致教学管理效率低下，已经不适应现代化教育的要求。而信息化手段的介入，大大提高了单位时间内信息的输出量，如多媒体教学、电子文本阅读等，节省了大量手工操作的时间，能够提升课堂效率和授课效果。

信息化在教学管理中的应用是指在课堂教学中运用计算机多媒体和网络信息技术，提高课堂教学的有效性，使之适应信息化社会对教育发展的新要求。教学信息化就是要使教学手段信息化、教学方式现代化。

高效课堂是指在常态的课堂教学活动中，通过教师的引领和全体学生主动且积极的思维过程，在单位时间内高效率、高质量地完成教学任务，从而促进学生获得高效发展。在新颖的多媒体计算机辅助教学的课堂上学生会充满兴趣、自主探究、培养思维，促进全面发展，进而适应新时代发展对人才的要求。

2. 有利于激发教师不断学习、精研业务的动力

教师队伍建设是教学管理中重要的环节之一，随着素质教育的推行，其逐步走向成熟。现代教育对教师综合素质的要求越来越高，教育管理信息化的推行从某种程度上可以推动教师保持积极学习的良好状态，有利于教师队伍水平的整体提升。

21世纪以来，我国教育领域正在进行以"课程改革"为中心的教育改革，课改对教师提出了新的挑战。信息技术在辅助教学方面已经得到广泛的应用，但是应用的情况和效果却存在一定问题：有些教师不能恰当使用信息技术，无法提高课堂教学效率；也有不少教师使用信息技术时没有针对重难点设计内容；等等。那么，如何用现代化的教学手段为学生创设情境、提供丰富的教学资源？如何有效地运用信息技术和课堂教学，突出教学重点与难点？这是摆在教师面前的现实问题，也是我们有待探索的现实而又紧迫的课题。

国内众多学校已经将信息技术引入课堂，教师通过早期的培训，对信息技术

已经有了初步的认识,并且在课堂教学上加以广泛应用,一批教师已经具备自主开发课件和制作课件的能力。

3. 有利于实现教学全过程管理

课堂传授知识只是教学管理活动中的重要一环,加上课后作业、测试、教学质量追踪才是完整的教学管理活动。这些活动的管理依靠传统手段会耗费教师巨大的精力,而教学管理信息化将弥补这一不足,只需要很少的时间就能实现教学全过程的监测和分析,有利于教学活动的顺利开展。

信息化教学管理能够实现对学生的个性化分析、以学定教、提升学习的效率与质量;能够为教学管理提供大数据辅助决策与建议,为科学治理提供支撑。如,在个性化教学方面,通过大数据技术,可以收集和分析学生日常学习和完成作业过程中产生的数据,准确地告诉教师每个学生知识点的掌握情况,教师便可以对每一个学生的学习情况有针对性地进行教学和布置作业,达到因材施教的目的。教学信息化未普及时,教师排课往往需要几周时间,还不能保证让学生满意。现在采用人工智能算法,系统可以结合课程、教室、师资进行快速的排课,极大地提高了效率与学生的满意度,充分体现了信息化在教和学方面的重要作用。

4. 有利于减轻教师的教学负担

国家提出教育信息化相关政策,目的是帮助教师减压(如如何获取教学资源、如何快速引用教学办法、如何智能批改试卷等);帮助教师高效工作(如深入了解学生的学习情况、有针对性地辅导和布置作品、与家长沟通等);提高教师创新能力(微课制作、课题研究等)。

现在很多在线教育产品提供线上智能阅卷功能,只需用手机拍一拍就可以批量修改作业,还具有班级学生的学情分析、学生个人的作业进度和测试情况、教师备课的教学资源、学校和家长沟通等功能。

当前,通过信息技术提升教育水平已成为国内外的共识。综合利用互联网、大数据、人工智能和虚拟现实技术探索未来教育教学新模式,是我国教育信息化建设的重要手段和目标。信息化教育已经覆盖教、学、考、评、管等方面:能够解决数据采集的问题,实现从数字化到数据化的转换;能够为教师减负增效,减少教师简单重复工作的时间。

5. 实现教学管理决策科学化

在高校教育信息化管理中，其还能够通过自身功用的发挥，实现教学管理的科学化。运用信息化技术，高校能够对自身师资队伍的建设、教材的搭配、招生计划的制定进行管理，这种管理主要通过信息化技术生成多套相关教学管理方案，最终通过综合这些方案，实现这些工作自身效用的最大化发挥。在高校的相关教学管理决策中，教育信息化是一切决策的基础与根据，教育信息化高校管理杜绝了传统高校管理存在的信息不及时、不准确和不完整的情况，对高校自身教学资源的开发有着较大的推动作用。教育信息化在高校管理中能够实现教学管理的决策科学化。

6. 提升教学管理的创新力

高校教育信息化管理还能通过自身功用，提升高校教学管理的创新力。在具体的教育信息化高校管理中，相关高校能够利用信息教学管理系统，为高校自身教学管理提供创新的舞台，同时增强高校管理层的信息获取能力，这样就能够切实实现高校自身教学管理的创新。值得注意的是，信息教学管理系统还能够实现不同高校之间的沟通，这对高校的共同进步有着较大的推动作用。

（六）教育信息化对教学管理提出的要求

1. 必须加强教学基础设施的配套建设

一所学校的信息化水平受制于学生掌握信息技术的程度。教师应确保每个学生都能掌握基本的计算机操作技能，并逐步转变观念，培养学生树立信息素养的观念，使信息技术为学生学习服务，为学生发展服务。基础设施建设是完善目前教育信息化的基础，也是重中之重，如学校机房建设、数字资源购买、教师队伍信息化设备配备水平等，这些硬件设施和软件环境直接决定了一个学校教学管理信息化的推进程度。要加大力度建设学校的资源库及其平台，建设"数字化校园"的基础工程是教育资源的数字化，建设一个资源充足、种类齐全、使用方便的校本资源库是重中之重。经过多年的努力，部分高校的资源库建设取得了可喜的成绩，已经具备一定的规模。

2. 必须培养一支主动适应信息化发展的教师队伍

教师队伍的信息化素养关系信息技术应用的质量，也关系信息技术在教育教学中的效果。主动学习的教师团队更能适应教学管理信息化工作的要求。

现在的大部分教师还是很乐意接受新鲜的教学模式的。要努力建设一支适应信息化发展的教职工队伍。一支掌握现代教育技术的师资队伍是一个学校信息化水平的重要标志，建设一支掌握现代教育技术的师资队伍是学校信息化建设的重心。

教师教育信息化能力不强是因为教师还没有养成信息化教学的习惯，还有一些教师尚不会使用。教育信息化的关键首先在于信息化产品的学习、使用是否简单，是否容易上手。其次是产品是否真的能帮助教师减负，让教师享受到教育信息化带来的便利。如果费老大劲儿学会了使用信息化产品，结果没有提高教学效率，那教师肯定不会继续使用。提高教师信息化的教学能力不仅在于产品是否简单，更在于产品能够真正帮助教师提高教学效率。回归教育的本质让教学真正享受到信息化带来的便利，为教师和学生减负，让教和学都更简单，这自然会提升教师的教育信息化和教学能力。要长期坚持对教职员工进行信息技术全员培训，但应逐步改变培训的方式，充分发挥校园网在培训方面的作用，为教师提供更多的自主学习机会。逐步更新培训内容，在教师掌握基本技能的基础上，组织部分基础好的教师开展信息技术与课程整合的培训与学习。强调以用促学、自主学习，加强过程的监督，加强交流与研讨。除了过程的监督，还应重点考核培训学习的效果，要求参与学习的教师每学年都开设一次有关信息技术与课程整合的研讨课。

3. 必须将信息化手段和传统手段相结合

传统教学手段与信息化手段相比有劣势也有优势，这两种手段相互结合，取长补短，相得益彰，才能真正达到优化教学质量、创新教学手段的目的。一味采用信息化手段，教学效果并不一定就能够提升，必须考虑学生的接受程度。信息化教学充分利用计算机、互联网等现代教学媒体的优势，能够调动更多的教学媒体、信息资源，从而创建一个信息量大、知识丰富的学习环境。再加上计算机的交互性、多媒体的特性、超文本的特性，更容易创建情景式的教学环境，提高学生的学习积极性，让学生主动去探索知识，而不再被动地接受知识。这种模式下的教学，教师只是课堂教学的组织者、指导者，学生学习的帮助者、促进者，而不再单纯是知识的灌输者和课堂的主宰者。实现教学一对一，便于因材施教，互助互动，培养协作式学习。但是，信息化教学对教师素质的要求更高，如果教师操控信息技术的能力欠佳，对课堂上突变的情况准备不足或随机应变能力稍差，课堂就可能出现无法控制的局面。这就需要结合传统的教学模式保障教师在课堂教学中相应的地位，以便其对课堂教学的组织、管理与控制。在这样的教学环境下，学生很少会走入学习的死角和误区，学生的学习较有目的性和针对性。

二、高校教学管理信息化的特点

（一）数字化特点

数字化作为教学管理信息化的基础，结合计算机信息技术将复杂烦琐的教学管理信息以数字化的形式表达出来，使教育信息技术系统的应用设备变得简单，同时又能保障性能的可靠性。方便教师的教学管理，提升了教学质量和效率，对启发学生的思维具有有利影响，可以为教师的教学管理提供有效的科学依据。

（二）多媒化特点

现今社会信息的扩散对整个社会的飞速发展具有重要影响。信息化发展是通过知识传播和应用过程来进行的。教学管理信息化体现了信息的高度集中性，使信息媒体设备实现一体化，使信息表征变得多元化，同时体现了教学管理信息化建设当中知识化的特点。教学内容通过多媒体技术进行动态化、形象化的表示，在教学课件中包含动画、图像、文字等三维景象，使教学内容变得更加丰富，利用多媒体技术根据学生的实际情况进行针对性教学，可以为学生提供帮助。

（三）网络化特点

通过结合计算机资源使信息资源共享，利用网络平台将教学中的各环节进行有机结合，可以实现教学管理信息的控制和管理系统的互动。使系统人性化、通信自然化，这是高校教学管理信息化建设中的一个显著特征。

三、我国高校教学管理信息化建设的发展历程

我国高校教学管理信息化的建设从起步到今天，经历了较长的一段时间，其发展历程既与现代信息技术的应用和发展息息相关，又与我国高等教育事业自身的发展密不可分。纵观我国高校教学管理信息化的发展历程，针对其使用需求和

建设目标在不同时期的发展情况，以及居于其核心的教学管理信息系统开发平台和应用环境的不同，我们可以将我国高校教学管理信息化的发展历程大致分为以下几个主要阶段。

（一）以手工操作为主、单机软件处理为辅的教学管理阶段

20世纪90年代初，由于国内计算机软、硬件资源较为匮乏，特别是计算机网络资源欠缺，国内高校的教学管理基本上仍以手工操作为主。虽然多数高校已经将计算机引入教学管理工作中，但其应用范围大多局限于文档处理等应用。随着美国微软公司Windows 3.2中文版单机视窗操作系统在国内的成功引入，教学管理层次较高一点的高校逐步尝试使用FoxPro、Paradox等平面文件数据库开发系统开发具有某些特定功能的单机教学管理软件，以实现对学生成绩或学籍等某一方面的辅助管理。由于这些平面文件数据库开发系统自身存在不足，决定了由其开发的这些应用软件容错性和参照完整性差，更谈不上兼容性。由于存储数据的平面文件在操作系统级别上是有结构的，因此容易引起数据丢失和泄密，也容易遭到计算机病毒的侵害，无法满足大量数据处理和数据保密的需要。单机的平面数据文件无法实现有效的数据共享与并发访问处理，导致了这些管理软件处理的信息是孤立的、单一的，各部门的教学管理工作仍然要依靠大量的人力手工操作。因此，此阶段教学管理以手工操作为主、单机管理软件为辅。

（二）基于单机处理和数据文件服务器共享相结合的教学管理阶段

20世纪90年代中后期，随着计算机网络技术的快速发展，以美国微软公司Windows NT和Novell公司Netware等为代表的一批网络操作系统进入了广泛的应用时期，加之美国微软公司全新视窗单机操作系统Windows 95在单机应用领域的空前成功，有力地推动了高校从教学管理单机化信息处理向文件服务器式信息化管理的探索。

高校各相关部门在教学管理工作中，依靠集线器或交换机等网络通信设备，将校内多个计算机联网组成一个内部的计算机网络，在一定范围内实现了简单的数据交换和文件共享，对校内教学管理信息化资源的共享和整合起到了一定作用。在此计算机网络环境中，信息的交换和共享是以单个数据文件共享的形式实现的，各管理部门只是将各自单机管理软件的部分数据以某种类型文件上传到文件服务

器上供其他部门下载访问，各部门按照一定的数据格式进行数据导入和导出，在形式上实现了某种离线的、非实时的数据共享。但由于这种共享模式没有采用中央服务器集中存储、运行、管理统一数据库供各计算机终端访问的方式，导致教学管理信息资源的访问很不顺畅，各部门的单机教学管理软件多数时间是在提供数据格式转换的服务。由于共享的数据文件是离线的、非实时的，各部门实际管理的最新数据和已经被其他部门访问的共享数据往往是不一致的。在这种情况下，信息不对称是很容易发生的事情，同时各部门单机管理数据的各种不足仍然存在。

（三）基于客户端/服务器（Client/Server）架构的教学管理信息化阶段

20世纪90年代末至21世纪初，随着美国Intel公司Pentium III、Pentium 4系列芯片的推出，服务器和PC机硬件的全面升级换代拉开大幕。此外Oracle、SQL Server、DB2等大型关系数据库管理系统得到了广泛应用，Delphi、Power Builder、Visual Studio等第三代可视化开发工具强力推出，所有这一切都为高校教学管理信息化全新架构平台开发提供了充分的技术支持，这就是目前在一些应用领域仍然被广泛应用的Client/Server架构。该架构通过将任务合理分配到客户端和服务器端，降低了系统的整体开销，充分发挥两端硬件平台的潜能，同时较为合理地使用网络资源。

在单机处理和数据文件服务器共享相结合的教学管理信息化处理模式已经不能满足高校正常的教学管理背景下，多数高校着手进行Client/Server架构的教学管理信息化建设。

Client/Server架构综合了各教学管理部门的使用需求和目的，规划了教学管理信息系统的主要功能，强化了教学管理核心业务处理模块的功能，满足了教学管理各部门的使用需求，可以说在教学管理信息化建设道路上取得了前所未有的成功。但该架构的特点决定了每一台要运行教学管理信息系统的计算机都必须安装客户端程序，特别是两层Client/Server架构的教学管理信息系统。客户端往往还要安装Oracle等大型数据库管理系统的客户端连接程序，加上该架构的终端连接数据一般不能太多，因此，Client/Server架构的软件维护和管理成本较高，所有这些使得基于该架构的教学管理信息系统的服务对象是比较有限的，若要提供更为广泛的信息化服务，其不足就会非常明显地显现出来。毋庸置疑，基于Client/Server架构的教学管理信息系统的建设对高校教学管理信息的建设起到了开拓性的推动作用，时至今日它仍是高校教学管理信息化建设和实施过程中一个重要的组成部分。

（四）以浏览器/Web服务器（Browser/Web Server）架构为主、客户端/服务器（Client/Server）架构为辅的教学管理信息化阶段

Client/Server架构的广泛运用有力的推动了教学管理信息化的建设，随着各高校办学规模的迅速扩大，教学管理信息化要面对的服务对象规模变得非常庞大，同时教学管理信息化建设的目的和需求已经从实现管理职能向为师生提供更广泛的信息化服务转变。由于Client/Server架构要求每一台接入的计算机只有在安装了专门的客户端软件后才能访问服务器的数据，因此仅仅依靠Client/Server架构为数以万计的师生提供广泛的教学信息服务是非常困难的。计算机业界关于Internet技术的兴起和发展，催生了对Client/Server架构的变化和改进，Browser/Web Server架构应运而生。在Browser/Web Server架构下，教学管理信息系统通常由客户端、Web服务器、数据库服务器三个部分组成，由于采用了J2EE、NET等新的Web开发技术，该架构系统的主要事务处理逻辑被封装在Web服务器和数据库服务器端，一小部分事务处理逻辑通过类似Java Script等多种脚本语言被封装在客户端，客户端只要通过Web浏览器这种全新的用户界面就可以实现原来需要复杂的客户端专用软件才能实现的绝大多数功能。由于Windows、Linux、Mactonish OS等主流操作系统集成了Web浏览器，因此在Browser/Web Server架构下客户端访问服务器的方式非常便捷，只要是能够访问校园网的客户端都可以通过Web浏览器轻松地访问教学管理信息系统，如果校园网的访问不受IP地址的限制，那么任何一个Internet终端都可以随时访问教学管理信息系统，无疑这样的信息服务范围是足够广阔的，Browser/Web Server架构在这方面的优势非常明显。就目前开发技术而言，该架构也有其美中不足的地方，特别是基于该架构的应用系统在处理大量数据、持续访问、业务逻辑复杂的数据汇总查询方面的能力和处理复杂报表方面的能力都明显弱于Client/Server架构。由于该架构建立在广域网甚至是Internet之上，面向的是不可知的用户群，相对Client/Server架构面向相对固定的用户群，它在信息安全的控制能力方面也要明显弱于Client/Server架构。而教学管理信息系统在这几个方面，恰恰有很高的要求，因此当今主流的教学管理信息化建设是将两者的优势进行结合，对外面向广大师生以Browser/Web Server架构为主提供广泛的信息化交互服务，对内面向相对固定

的教学管理人员以 Client/Server 架构为辅实现集中的信息管理和维护，两种架构的良好配合为教学管理信息化建设提供了一个较为成熟的解决方案。

四、高校教学管理信息化建设的应有成效

我国高校实施教学管理信息化建设是为了适应高等教育事业的空前发展，实现高效、科学和规范的高校教学管理，为高校人才培养质量的提高提供保障。因此，将高校教学管理信息化建设的应有成效进行梳理归纳，对查找分析现阶段高校教学管理信息化建设存在的问题具有重要的对比参考意义。根据对教学管理信息化建设相关研究资料的分析，并结合笔者长期从事此项工作的实践经历，笔者认为高校教学管理信息化建设主要有以下几方面的应有成效。

（一）教学管理信息化地位突出

教学管理信息化处于高校教学管理各项事业中的突出地位，是衡量高校教学管理信息化建设应有成效的重要标志之一。教学管理信息化的突出地位意味着高校决策层在教学管理信息化建设中，能意识到将信息化作为提高教学管理水平，促进人才培养质量提高的重要工作来抓，一方面表现在从事教学管理信息化建设所需的政策、组织机构、配套管理制度等软环境能满足教学管理信息化建设的需要；另一方面表现在进行教学管理信息化建设所需的财力、人力等物质保障条件能达到教学管理信息化建设的要求。

（二）教学管理信息系统运行效果优良

教学管理信息系统是教学管理信息化建设应用解决方案的核心，其运行效果是教学管理信息化建设最显著的表现，因此，教学管理信息系统运行效果优良是完善的教学管理信息化建设应该具有的最重要和最基本的特征。保证教学管理信息系统运行效果优良应该具备以下几个主要因素。

其一，从软件自身方面来看，其技术实施方案先进，功能比较完善，用户界面友好，便于学习和使用。能较好地适应学校的实际教学管理过程，能处理学校教学管理工作中的各项教学事务，软件智能化程度高，能大大减轻教职员工处理教学事务的工作强度，使用效率高。

其二，从组织机构方面来看，学校的信息化组织架构完善，级别层次高，校领导担任信息化组织机构负责人，设有专门的办事机构。从机制上能保障对教学管理信息化建设进行长期规划和指导，为教学管理信息系统在学校教学管理中的广泛应用提供强有力的支撑。

其三，从配套制度方面来看，学校教学管理信息化建设的相关配套制度制定比较完善，为规范、透明、公正地进行教学管理信息化建设奠定了基础。完善的教学管理信息化相关配套制度，既可以规范和约束正确使用教学管理信息系统，保证教学运行数据真实有效，又可以促进教学管理服务的各种办事流程建章立制，便于相关教学管理服务信息的对外发布和接受监督，保证了教学管理信息系统长期规范使用的连续性和透明性。

（三）教职员工适应信息化工作环境

广大教职员工是教学管理信息化建设的主体和最终受益者，他们能很好的适应信息化工作环境，也是高校教学管理信息化建设取得良好成效的重要体现。教职员工具备良好的信息化工作环境适应能力表现在：第一，具备较高的信息技术应用水平，能够熟练使用现代信息技术从事教学活动，熟练应用教学管理信息系统办理各项教学管理服务事项；第二，具备良好的信息素养，具有主动使用现代信息技术从事教学和办理教学管理服务事项的意识，并乐于接受教学管理信息系统使用带来的便利。

（四）信息化服务比较完善

完善的信息化服务是高校教学管理信息化建设取得良好成效的高层次要求。高层次的教学管理信息化建设不仅意味着只着眼于解决教学管理中的各种问题，实现各项管理职能，减轻教职员工从事教学管理工作的劳动强度，还应该满足广大师生员工对各种信息化教学服务的需求，助推教师教学能力的提升和学生成长成才，促进教学管理部门的职能从侧重管理转变为侧重服务。

五、高校教学管理信息化发展趋势分析

（一）现代教学管理的发展趋势

1. 教学管理的开放性更强

开放性，是指系统与外界的物质、能量、信息和人员等的交换。在信息化条件下，教学管理的开放性主要表现为教学管理环境和教学管理过程的开放性。

（1）教学管理环境的开放性

环境主要指人们生活的一切外部条件的综合。教学管理环境是指学校教学管理活动所必需的诸多客观条件的综合。以信息高速公路建设为代表的信息高科技的发展，改变了高校管理的环境，也相应地改变了高校教学管理的环境。信息化条件下高校教学管理环境的开放性主要表现为高校管理大环境的开放性。网络成为管理的重要手段，拥有许多基于网络的管理软件，如网络招生和录取系统、网上选课系统、网上就业系统、教务管理系统、多媒体教学系统等。高校内部交流及与外界交流的方式和手段越来越多，联系越来越密切，开放性更强。高校行政管理部门和教学管理部门与高校教师和学生间的距离在这个开放的环境下越来越近。

（2）教学管理过程的开放性

教学管理过程是一种有目的的、多层次的、双边共同活动以及相互作用的能动过程，是合理组织使用教学资源、保证教学目标顺利实现的过程，是有序的、可控的过程。信息化条件下教学管理过程的开放性主要表现在以下几个方面。

一是学生的开放性。信息化条件下，高校的类型多样化，高校网络虚拟化、远程教育的蓬勃发展，使得学生进入高校的门槛降低，高校的校门几乎向所有公民开放，不同年龄阶段的公民只要有一定的知识基础，就可以通过考试或免试进入不同的高校学习。

二是教师的开放性。高校的大门向世界各国开放，通过多种多样的方式吸引人才，一名教师可以同时受聘于几个单位。教师的讲义在网上有限制地对外公布，本校的学生和其他对该内容有兴趣的人都可以通过一定的方式访问学习，每个人都可以享受这种资源，在某种程度上也是教师单位所有制的开放。

三是课程的开放性。高校开设的课程不只是针对本校,还可以向别的学校的学生开放,向全球的学生开放。美国麻省理工学院早已在网上向全球免费提供上千门课程。本校的学生也可以选修其他高校的课程,通过一定的方式进行课程学分的互换。

四是学籍管理的开放性。学生进校后学习什么样的专业,选修什么样的课程,可以在教师的指导下由学生自主选择,并可以根据一定的规章制度进行变换。

五是教学过程的开放性。信息条件下的教学过程是一个开放的系统,因为网络本身具有资源丰富、交流便利和开放性甚至全球性的优点。通过网络,不但教学内容可以及时吸收学科最新的研究成果,而且整个教学过程将与外部世界保持持续的对话。在与这个虚拟世界紧密联系的同时,高校教学也积极面向真实的外界环境,并与之达成信息的及时交流与互换。在这样一个开放的系统中,教学过程不仅仅是向学生传递知识,更是用丰富的资源帮助他们学会学习,并在此基础上创造新知。在教学过程信息化和多维化的前提下,学生将有可能在这个系统中自由地"流动"。未来的教学系统将不再局限在校园中,同样也不会局限在网络上,而有可能是"在信息节点、教室位置以及学生个人区位所组成的网络里"。

2. 教学管理的合作性更强

随着信息技术的飞速发展,互联网技术越来越成熟,国家之间、组织之间、机构之间、个人之间的交流更加方便。计算机一直被认为是加强合作的手段和方式,人们之间的合作将越来越多,合作的力度也越来越强。信息流量的加大和流速的加快以及世界网络的密集必然消除不同机构、组织乃至国家间的界线。从这个角度来说,合作成为国家、组织、机构、个人之间的常事,高校的教学管理也不例外。

(1) 高校教学管理与社会之间的合作

高校与社会的合作一直不断,传统高校的教学管理与社会的合作,由于通信技术与信息技术不够发达而合作不多,它们之间信息反馈迟缓,合作的幅度与力度不大。信息化为高校与社会的合作提供了良好的条件,通信技术、信息技术的飞速发展,使高校与社会的联系越来越密切,合作的范围也越来越广,高校的教学管理更是如此。从高校方面来说,提高高校毕业生的质量、社会对高校毕业生的用人反馈信息、社会对不同类型人才的需求、社会对高校资金的投入、社会对高校研究成果的利用等都需要社会的通力合作;从社会方面来说,毕业证书的查询、对高校培养的人才的需求量及规格、积极应用高校的研究成果等都需要高校的通力合作。如今很多高校和一些软件公司合作，开发适合学校教学管理的信息系统，同时这些企业也渗透到高校的教学管理中，汲取管理经验，用于自己的软件开发，这就是一个很好的例子。

（2）高校之间的合作

为了使教学管理出效益、出质量，高校之间的合作在所难免，信息化条件下高校之间的合作将越来越多。信息化为各高校之间的交流与沟通提供了新的手段。传统高校之间的合作主要通过电话、信函、会议等方式进行。电子邮件的使用使教学管理人员免除了应答电话的麻烦，电视会议的使用使管理者免除了旅途之苦。高校之间教学管理合作的内容越来越多。信息化条件下由于高校教师、学生、课程、学科的开放性，高校之间教学管理合作的内容也相应增多，从招募新生入学到教师的聘任，从课程的开设到学科的互通，从管理的交流到管理的实施等都在合作之列。

（3）教学管理部门与其他各管理部门的合作

教学工作是学校经常性的工作，教学管理工作在高校各项管理工作中属于核心工作，支配着高校管理工作的各个方面，但也必须与高校其他管理部门紧密合作，才能发挥管理的核心作用，在信息化条件下更是如此。信息化条件下教学管理部门与高校其他管理部门之间的合作，首先表现为教学管理信息及其他资源的共享。如，对学生的管理有教务处、学工处等，对教师的管理有教务处、人事处、科技处、学术委员会等，这些部门对同一对象的管理可能会用到同样的数据资源，对同样的数据资源不同的部门就要分工合作来进行收集、整理，避免重复性劳动。其次表现为管理人员的合作。信息技术的广泛应用促进了高校各管理部门工作人员之间的合作，网络成为他们之间合作的重要手段。为了处理突发事件，一个部门可以向其他管理部门申请援助（抽调工作人员），从而协助完成任务。

3. 高校教学管理趋向柔性化

柔性管理是相对刚性管理而言的。美国"科学管理之父"泰罗的科学管理是刚性管理的典型，刚性管理是凭借制度约束、纪律监督、强迫等手段进行的，是根据成文的规章制度依靠组织职权进行的程序化管理，是"以规章制度为本"进行的管理。柔性管理是依靠激励、感召、启发、诱导等方法进行的，是依据组织的共同价值观和文化、精神氛围进行的人格化管理。信息化条件下，高校教学管理趋向柔性化主要表现在教学管理组织机构趋向柔性化、教师管理与学生管理趋向柔性化。

(1) 教学管理组织机构趋向柔性化

现行高校组织机构庞大，机构重叠，具有多样性和模糊性的特点。西方模糊教育管理模式认为，模糊性是学校和学院这样复杂组织的普遍特点。尤其在社会迅速发展和变化的时期，模糊性的特点表现得更为明显。该模式认为，高校没有确定的目标和明确的管理程序，不但决策的参与人数无法固定，而且决策的结果还容易受环境变化的影响。正是这一特点导致组织管理活动的复杂性和不确定性。而高校正处于信息技术飞速发展、管理环境迅速变化的时期，高校原有的、僵硬的教学管理组织机构不能满足这种要求，教学管理组织机构将趋向柔性化。

教学管理组织机构的柔性化是指组织机构的灵活度，可调整的范围大。首先表现在教学管理组织目标的调整上。信息化社会中高校的管理环境瞬息万变，教学管理组织目标需要及时修改、调整以满足多方面的需要。其次表现在机构设置和人员职责的灵活性上。在日益变化的环境下，教学管理工作将出现较多的、不可预料的情况，为了迅速地处理好这些意外的情况，教学管理部门需要具有临时组织处理并随时调整管理人员的能力。

(2) 教师管理与学生管理趋向柔性化

教师管理与学生管理的柔性化是指在研究教师与学生心理和行为规律的基础上采用非强制性方式，在教师与学生心目中产生一种潜在的说服力，从而把组织的意志变成教师与学生的自觉行为。高校的教师都是高级知识分子，明事理，吸纳新生事物快，对问题有自己的见解，同时又具有鲜明的个性。特别在信息化条件下，他们能迅速从网络上了获取他们想要的信息，对事物的认识较准确，明辨是非。对他们仅凭严格的规章制度进行强制管理是行不通的，只能以此为基础，突出强调他们的自我管理，尊重他们的价值，承认他们的劳动，充分发挥他们的聪明才智。如，在教师教学过程中，我们不能要求教师用同一种方法教每一个学生，对教师教学工作的评价也不能用统一的标准纯粹地进行量化或标准化。

对高校的学生来说，柔性化管理主要表现在以下几个方面：一是人才培养规格的柔性化。信息时代需要多种规格的人才，对高校来说，需要培养的是多层次、多样化的人才以适应时代的要求。二是教学计划的柔性化。信息化时代知识更新的速度加快，高校培养出的人才要想适应信息社会发展的需要，就要制定柔性化的教学计划，注重培养学生的能力，给予学生更多的选择机会。如，学生可以不选择专业入学，先在学校学习一定量的通识课程后，再由学生根据自己的兴趣爱好选择专业；同样的课程对不同专业的学生可以有不同的要求。三是人才评价的柔性化。我们并不要求每一个学生都是杰出人才，但要求每一个学生都有自己的一技之长，对不同学校的学生评价有不同标准，有多样化的评价方法。

（3）柔性管理在高校教学管理中的特点体现

第一，灵活性。柔性管理的首要特点就是灵活性。在高校教学管理中，柔性管理能够保障师生之间正常沟通和交流，保证言谈举止得当，同时更加注重纪律管理，坚持以人为本的理念，坚持以学生为主体原则，使纪律更加人性化。学生也可以主动参与到优质课堂教学中，提高他们的自我管理意识。

第二，人性化。柔性管理的另外一个特点就是人性化。在传统教学管理中，刚性管理方式是从上而下实施的，制约了师生的个性化发展，难以满足社会发展的需要。在人性化管理中需要充分意识到学生中间存在的差异性特征，始终坚持因材施教，不断提高学生的潜力。在人性化的原则下要将学生作为主体，认可教师的主导作用。

第三，多元化。多元化也是柔性管理的另外一个特点。首先表现为主体的多元化。充分统筹和兼顾教师、学生和学习的各方面内容，并且坚持以人为本，对教学管理中相关的要素进行统筹和协调。其次是促进实现多元化教学互动。在师生之间，要做好充分互动。最后是多元化的知识传递模式，在师生之间形成一种双向循环知识交流的模式，加强学生互动，并且教师要做到知识的传递和情感的交流，从而构建一个不断变化的动态教学管理过程。

4.高校教学管理趋于虚拟化

虚拟是计算机专业的一个术语，指由软件驱动而形成的事物，而不是实际以物理形态存在的事物，如虚拟局域网（VLAN）、虚拟主机等。这里讲的虚拟与计算机术语比较接近，是一个与真实相对应的概念，指现实中不存在的东西。虚拟化指的是虚拟现实，是利用以现代高速电子计算机为核心的信息处理设备、相应的软件系统和微电子传感技术模拟或创造出来的，与真实世界相同、相似或不相似的仿真图景。虚拟现实本质上主要是针对个人而设计的模拟局部现实世界的技术系统。虚拟现实实际上不是事实上真实的事件或实体，它是由计算机创造所有的环境，在这个环境中，使用者在一个模仿外界环境的数据结构中操纵一个代表他自己的数据。信息化条件下高校教学管理的虚拟化主要表现为管理客体的虚拟化、教学管理环境的虚拟化和教学资源的虚拟化。

(1)教学管理的主体和客体的虚拟化

所谓管理主体,是指在管理活动中承担和实施管理职能的人或组织,包括各级各类领导者、管理者和各种管理机构。信息化条件下教学管理主体的虚拟化指的是在利用计算机和网络进行教学管理时,对教学管理主体来说,在网络上的管理只是操纵一个代表他自己的数据,完成某项管理工作只需用鼠标点击几下,从而呈现给外界一种虚拟的形象。在教学管理客体或其他人或组织看来,教学管理主体是由计算机和网络创造的,与它们进行交流或对它们进行管理的是机器(计算机)或是一个网址代码、一个角色符号,而不是一个具体的人或组织;教学管理主体是一个虚拟的但又可以完成教学管理活动的主体。教学管理客体指进入教学管理主体认识和管理实践范围的客观事物。信息化条件下教学管理客体的虚拟化是相对教学管理主体而言的,主要是指管理客体中教师、学生及组织的虚拟化。利用网络进行管理的教学管理主体面对的客体也是一个个代码、一个个虚拟化的人和符号,而不是具体的活生生的人或组织。在教学管理信息化中,可能教师和学生从未谋面,教学管理人员与教师和学生也从未见面,他们面对的是一个个符号代码,由计算机与他们相互发出指令进行工作和学习。

(2)教学管理环境的虚拟化

教学管理环境指的是学校教学管理活动所必需的诸多客观条件的综合。信息化条件下高校的教学管理环境是基于校园网的,而校园网又是基于互联网空间和现实的物理空间,是一个"虚拟现实"的无形的信息空间。它为人们提供了一个冲破传统地域的新的活动空间,人们在这个虚拟的网络空间会逐渐形成新的生活方式、生活规范和思想意识。信息化条件下高校的教学管理环境正是这样一种虚拟化的环境,从而本身也虚拟化,像高校的综合教务管理系统、多媒体教室管理系统,就是虚拟化教学管理环境中的最好例子。

(3)教学资源的虚拟化

教学资源是为教学实施而提供的一切事物。传统高校的教学资源基本上是实实在在的事物,在信息化条件下,很多教学资源可以用计算机软件虚拟出来。在教学管理信息化条件下的教学过程中,可以有虚拟的学校、虚拟的教室等;在教学资源不足、实验资源不充分的情况下,可以用软件虚拟出实验室、实验材料(如数字化动物、数字化电路板等)、仪器、实验环境(虚拟的太空和宇宙场景);在训练场景无法设置(如对宇航员的训练)的情况下,可以用计算机技术和其他技术相结合创设出虚拟的训练环境。

5.教学管理的交互性更强

交互性是指人与人之间、人与事物之间、事物之间双向的、开放的交流活动。交互性是网络的关键特征之一,一般有同步交互与异步交互两种。同步交互是指交流的双方同时在场,能及时地反馈;异步交互是指交流的双方可以不同时在场,不必及时反馈。高校教学管理的交互性是指教学管理主体之间、教学管理主体与客体之间、教学管理客体之间通过不断的双向交流,从而完成某项管理活动。传统高校教学管理的交互方式以同步交互为主,强调实时交流,绝大多数的时候(如报表的申报、文字材料的传送等)交流的双方必须到场。信息化条件下基于校园网的管理平台的交互性更强,从而使高校教学管理主客体之间的交互性更强,交互方式更多,并主要以异步交互为主。在教学管理主体之间,如果一方有命令要下达或有要求要提出,可以在任何时候在网上发布命令或给具体的某个人留言,而不需要打断另一方正在做的工作,任何一方都要定期查询自己来自其他地方的留言或信息并进行处理。在教学管理主体与管理客体之间、教学管理部门与外界之间也是如此。

(二)教学管理信息化的发展趋势

在现代教学管理发展趋势的推动下,特别是教学管理信息系统(TMIS)在高校教学管理中的全面应用,使得高校教学管理信息化呈现以下发展趋势。

1.数字化

教学管理过程中存在一些如课程学时数、教学工作量和学生成绩等数字化数据,分析、管理工作相对容易一些。但在教学管理中还存在大量非数字化数据,如上级指令、教学规划、教学效果、教师水平和教学质量等,这些教学管理数据需要一个数字化的过程,即把这些文本、图像和声音等物理信息转换为数字格式录入、处理并传播。现代信息系统的运用,使教学管理的具体事务都能以数字化信息来表示。过去需要教务管理人员到各教学部门进行手工收集的数据、报表,被校园网的信息流动取代。原先存储于文件柜、卡片箱、笔记本里的教学管理文字信息转化为数字形式后,可方便进行归类、复制和存储。教学管理数据数字化后，不仅降低了信息的制作成本和存储费用，更重要的是将所有信息转化为数字形式后，校园网上的用户可以不受场所、时间限制相互传递文件或指令，各职能部门可以直接从中央数据库中提取所需要的数据，从而加快信息的传播速度，扩大信息共享程度，提高信息利用效率。

2. 网络化

现代信息系统解决了教学管理信息传递手段现代化的问题，教学管理部门借助计算机网络成功地达到信息交流和知识共享的目的。网络化首先是指建立基于 C/S 模式的教学管理的网络平台，学校各教学单位、所有教研室和教务处及相关职能部门的计算机可以通过校园网联网及各用户的客户端应用程序，很方便地实现文件传输、资源共享和信息查询。其次是指建设校园网，即在校园范围内连接的各院系、各职能部门的计算机网络，它将教师管理、学生管理、教学计划管理、考试管理、课程管理和招生管理等教学管理子系统集成一体，实现这些系统之间的数据交换和流通。网络化还包括局域网、校园网与整个互联网的充分互联。教学管理者与社会大众实现面对面交流，直接了解社会的人才需求类型，进行高校毕业生就业指导，等等。借助内部网、校园网和互联网，高校的教学管理信息资源与社会信息资源实现了高度整合，高校教学管理平台成为对内相互联系、环环相扣，对外完全开放、超越时空的网络平台。

3. 智能化

现代教学管理信息系统利用多媒体、人工智能以及数据库等先进技术，结合计算机网络，创造出智能化的教学管理环境。在结构设计方面，信息系统借鉴人工智能技术的搜索推理机制，利用数据库理论和方法，采用模块化结构设计方法，对分散在各个教学管理环节上的信息进行实时和综合处理。教学管理的各环节、各业务自成体系，同时又为各子系统之间的转换、联系提供接口。如，教学管理中的教学任务子系统和教学行政管理子系统，通过一个智能化模块软件程序，能自动生成课表和考试时间安排表。信息系统运用计算机的一些高级语言，模拟人的思维过程，进行一定的逻辑推理，能智能地进行管理操作和决策。智能化使信息系统具有越来越强的辅助评价、决策功能，这对含有较多随机性、模糊性信息，并且决策过程非结构化的教学管理来说，是十分重要的。

4. 扁平化

传统的教学管理是按照德国社会学家马克斯·韦伯意义上的科层制组织起来的，表现为一种权力、资源与信息的垂直分布格局。但由于各类教学管理信息系统、校园网、互联网的使用，教学管理信息的传递从纵向垂直模式转向网络互联模式，其结果是取消了大量中间管理层次，教学管理组织架构呈现出扁平化。科层制的教学管理组织分工过细，层次太多，导致用行政方式管理学术权力，从而使教学管理效率低下。层次多的组织惰性大，信息传递容易失真，不容易促进组织发展，也不容易把具有创新能力的人才用到适合的岗位上。采用扁平式的教学管理组织结构成为必然，而且信息技术为此提供了成熟的技术支持，教学管理信息系统和自动化设备可以完成教学管理人员的大量工作；教学管理信息系统的信息传递具有快捷、方便、网络交互性的特点，加大了管理的幅度，一些中间教学管理机构被取消；有效调动基层教学管理人员的积极性，给他们以更大的发展和创造空间。

5. 合作化

教学管理组织内部之前遵循英国经济学家亚当·斯密的分工出效率规律，即根据专门职能进行工作分工，大家各做各的事，不同的工作由不同的教学管理职能科室、教学管理职能人员来完成，形成"一个萝卜一个坑"的局面。而当教学管理结构由垂直分化向扁平化的网络互连结构转变后，这种工作职能的专业分工就不再适应管理要求，而要求教学管理人员必须具备多方面的专业知识及技能，原先教学管理结构的复杂性被转化，内化为教学管理人员知识、技能结构的复杂性，并由遍及校内教学各部门、各院系的教学管理信息系统来予以支持。这种交叉分工的特性要求打破职位"牢笼"，不再以教学管理职能为中心，而是以任务为中心来组织工作，形成一个个任务网络，各个教学管理人员不再是齿轮上的齿牙，而是网络上的节点，可以方便、协调地相互分工合作。通过教学管理信息系统将各种教学管理工作集成在一个平台，分管各项工作的教学管理人员便可以实现协调、合作，过去教学管理人员由于忙于其他事务或不在办公地点，由他负责的事情就无法操作，这种以前在教学管理中经常出现的现象，现在可以有效杜绝。

6. 虚拟化

教学管理中的许多常规性工作都可以由计算机体系、教学管理信息系统的终端完成，从而使这些教学管理部门、教学管理人员"虚拟化"为信息系统网络、计算机体系的一个单元。教学管理人员可以在校园内任何地方甚至校外任何地方完成管理工作，做出管理决策，然后通过网络传送到需要的地方。教学管理的实现，已经不再需要那种庞大的物理结合，如固定的办公地点、固定的时间，而是可以创造虚拟的办公空间，从而使高校教学管理呈现出虚拟化。教学管理组织的虚拟化，实际上是教学管理组织内部高度的网络化，通过运行于校园网、互联网上的教学管理信息系统的终端把教学管理与社会环境、教学管理者之间、教学管理者与师生直接联系在一起，它使教学管理组织结构把尽可能多的物理空间转变成数字信息，减少实体空间，从而提高教学管理效率。这种虚拟的教学管理职能不是固定的，它可以根据实际需要不断地进行调整，它的服务对象、服务时间都可以得到扩延。

第二节　构建高校教学管理信息化新模式

一、教学管理信息化新模式理论分析

（一）教学管理信息化新模式的内涵

高校教学管理信息化新模式，是在现代教育思想指导下，以基于资源和服务的教学管理为基本理念，以教学资源和网络环境为依托，运用信息管理理论和信息管理方法，以现代信息技术为核心技术，充分考虑外界变量和信息，组织和配置教学信息资源，构建资源丰富、在线决策与学习、智能评价与导向的交互式的教学管理一体化系统，进行信息化教学管理活动，从而高效率地实现既定的教学目标。从教学管理内容看，信息化涉及教学计划管理、教学过程的组织与管理、教学质量管理、教学行政管理和学科建设、专业建设、课程建设、教学队伍建设、教学管理制度建设等方面的工作。从教学管理手段看，信息化就是基于在线学习理论的信息技术、网络技术、普适计算技术在教学管理活动中的广泛应用。

（二）教学管理信息化新模式构建的目标

教学管理信息化新模式构建的总体目标是，建设一流的数字化网络基础支撑环境、数字化的教学资源、数字化的教学与学习环境、数字化的管理手段和工作环境，实现数字化学习、数字化教学、数字化科研和数字化管理，构建数字化的区域合作与服务平台，创建数字化的校园生活空间，全面实现教育的信息化和现代化，为人才培养提供支撑平台和条件保障。

整个信息化服务平台应至少分为四个子平台，即网络平台、共享平台、服务平台和统一的信息门户，其中服务平台包括学生思想工作管理平台、学科专业管理平台、数字化教学与学习服务平台、人才培养质量监控评价管理平台、资源管理平台、学生数据交换平台、网络学术创新平台、科技服务写作平台和研究生学位论文管理平台等。

（三）教学管理信息化新模式构建的原则

1. 理念先导、过程规范的原则

理念是支配行动的原则与信条，左右着管理者的行为，是一种精神力量、价值期望。它不仅具有激励人的功能，还具有教育人、规范人和指导人的作用。

教学管理信息化新模式构建的是一个复杂的信息系统工程，其构建分为四个部分：教育理念重构、网络等硬件系统建设、信息资源及管理平台等软件系统建设、以教学应用为核心的应用系统建设。新模式的构建，首先是教育理念、教育体制、教学模式的变革，其次才是信息化教育理论指导下的硬件建设、资源开发、多种应用系统的建设。

教学管理信息化新模式构建，要规范项目立项、制定建设方案、项目实施、项目验收与反馈等工作程序，使之成为信息工程规划、设计、建设、验收的依据。有些高校由于没有规范建设过程，出现了很多问题，如设计结构不合理、性价比低、重复投资、性能不稳定、可维护性差等。这些都严重影响着教育教学的发展。

2. 整体规划、分步实施的原则

教学管理信息化新模式构建应服从于全社会的信息化建设规划，做到下级规划服从上级规划，局部规划与整体规划相一致，分类指导，分层推进，分步实施。

教学管理信息化新模式的构建，先要进行总体规划。校园网是满足学校信息化教学的一项重要的基础设施，应为学校的教学、管理、日常办公、内外交流等方面提供全面、切实的支持。从信息技术与课程整合的角度出发，校园网应具备教师教学功能、学生学习功能、教务管理功能、资源信息功能、内外交流功能及教育装备管理功能、行政管理功能等。

但是，这些功能不可能一次性实现，要综合考虑学校资金的现状、用途及使用者的专业素质和应用能力等因素分步进行，将总目标分成多个分目标，每个目标又分成多个时段实施，最终实现总体目标。就建设而言，要坚持经济实用与可持续发展相结合，要根据学校的经济水平和应用水平分步实施，切忌一步到位，要把有限的资金用在最急需的地方。

3. 应用推动、效益优先的原则

由于受技术力量、财力和队伍的整体素质等客观因素的影响，教学管理信息化处于主动性不足的被动推进局面。教学管理信息化可通过校际资源共享，构建资源联盟，发挥集团优势，积极探索资源建设的有效机制，可以推动教学管理信息化应用，走应用推动的路子，促进教育信息化的大力发展。

教学管理信息化新模式构建要从信息基础设施和信息资源两个方面考虑构建的目标和方式，做到基础设施投资效益的最大化，软件资源建设要通过"资源联盟"的方式，降低信息资源建设的成本，走节约型信息化道路，从而推动信息化应用可持续发展，为构建和谐教育做出贡献。

4. 资源共享、够用实用的原则

教学管理信息化新模式构建要以信息资源共享为出发点和落脚点，既要重视软件建设，又要重视硬件和技术力量，做到统一网络平台、统一标准规范、数据充分共享。

合理配置硬件资源和软件资源，注重使用效益，加强硬件与教育的整合，提升教育信息化水平，明确教育目的。避免盲目求高，以免造成浪费。要从够用、实用的原则出发，构建适合本校实际情况的教学管理信息化新模式。

5. 配置标准、结构灵活的原则

教学管理信息化新模式构建中应遵守相关国际标准、国家标准、行业标准和有关规范，制定相关的硬件配置方案和软件实施方案，按照标准完成设计要求，从而为以后的应用维护打下基础。

鉴于信息技术迅猛发展，信息系统结构必须具有较好的灵活性，以保证将来的扩展和升级，进而适应各种业务的不断发展。

6. 系统稳定、技术成熟的原则

各类硬件设备、软件系统要以运行稳定为前提，各类服务器要满足 7×24 不间断运行的要求。在网络、管理和应用系统的可靠性方面，必须采用容错性设计，以保证整个系统安全、可靠地连续运行，为信息技术与课程整合提供有力的支持。

要采用通用和成熟的技术，降低建设成本，减少设计和施工的难度，缩短建设周期。不能将有限的资金投入前沿性的硬件项目建设开发上，要从国内外现有的成熟产品和解决方案中选择适合自己需要的加以利用，避免低层次的重复建设。

二、树立科学的教学管理信息化新理念

理念是人们经过长期的理性思考及实践所形成的思想观念、精神向往、理想追求和哲学信仰的抽象概括。理念也是一种思想，如经营理念、企业理念、办学理念、服务理念、设计理念、教育理念、新课程理念、管理理念、教学理念等。

应对信息化时代的挑战，高校不但要进行教育创新，还要进行管理创新。高校教学管理创新的实质是管理理念的创新、管理过程的创新和管理目标的创新。从管理的职能来看，决策、组织、控制、协调等需要创新。从管理的过程来看，决策、实施、检查、总结各个环节也需要创新，但其中的关键仍然是管理理念的创新。要实现高校教学管理信息化和现代化，就必须从以下几个方面创新教学管理信息化理念。

（一）建立首席信息官战略理念

随着我国高等教育向大众教育方向转变，高校在教学理念和培养目标上都在不断地重构和完善，以期在未来的竞争中占据有利的地位。教学是高校工作的核心，高校所有的教育理念和培养目标都需要通过教学来实现。所以，创建科学、高效、合理的教学管理体制被各大高校关注。尤其是在许多实施战略性发展的高校，教学质量是高校战略性发展的基础和保障，教学质量的高低决定了学校未来的发展水平。因此，在高校普遍实施战略管理模式下创新教学管理体制，对提高高校的教学质量、实现战略发展目标有着重要的现实意义。

教学管理信息化是一项重要的战略，高校各级领导必须从战略高度来思考、规划和推进高校信息化管理建设，建立首席信息官机制，并作为一把手工程来抓，按照统筹规划、分步实施的原则，努力构建科学合理的教学管理信息化体系，进而促进教学管理现代化的可持续发展。

（二）改进管理方式，提高服务质量的理念

信息技术是手段，不是目的。信息化管理归根结底是为教学、科研、管理等各项工作提供现代化的工具和手段，是为提高教育教学质量、科研水平、管理效率以及整体办学实力服务的。在这当中，应贯彻以学生为中心的理念，将为教师服务作为信息化管理的核心价值。高校的根本任务是培养人才，用信息化技术、手段来推进教学、科研、管理创新，实现高等教育现代化，其终极目的在于更好地培养人才。

（三）科学管理和应用理念

信息化管理的关键不是技术，而是组织与管理。实施信息化管理，可以说三分靠技术，七分靠管理。应用是实施信息化管理的核心，现实中重硬件、轻软件的现象普遍存在，似乎拥有了信息化设备就可以实行信息化管理。应当把加强信息技术在管理中的应用、提高全校师生员工应用信息和信息技术设备的能力放在重要位置，要努力提高信息技术设备的使用效益，推动管理水平的提高。

（四）共享理念

信息资源与数据共享是高校信息化管理的灵魂。管理信息化的本质就是要最大限度地实现信息资源共享，而信息共享的核心是基础数据的共享。实践证明，信息共享机制必须在技术、政策、资金、管理四个层次上建立。技术机制是由一系列信息资源和数据的技术标准构成的，是确保共享的基本前提；政策机制为信息资源和数据共享提供制度上的保障；资金机制是按照谁开发谁受益的原则建立的协调信息供需双方利益的市场机制；管理机制是一种通过人为干预与调节来增进信息共享的行政机制。管理机制在前三个机制的制约下发挥作用，前三个机制是基础性和主导性的，但管理机制是前三个机制和谐运转的保证机制，而且是制定和完善前三个机制的控制机制。

(五)以人为本的理念

人是管理中最本质、最活跃的因素,信息化管理的决策要靠人,信息化管理的建设要靠人,信息化管理的推广要靠人,信息化管理的目的是服务于人。高校推行信息化管理的成功与否,最终取决于人及其素质。在推进信息化管理的过程中,要把出发点、着眼点、落脚点放在充分调动人的主动性、积极性和创造性上,最大限度地挖掘决策层、管理层、建设层、应用层中的领导、干部及全体师生员工在信息化决策、建设和应用中的潜能,并把推进信息化与提高他们的素质,改善他们的生活、学习、工作环境紧密结合起来。要强化各级各类管理人员的培训,使他们能够熟练地掌握现代信息技术,进而提高他们的工作效率和高校的整体管理水平。

(六)资源丰富的理念

在教学管理信息化过程中,要以先进、完善的教育教学管理理论为指导,以高速发展的信息技术为手段,以完善的软件技术为支持,以大容量的网络存储为物质基础,以高速稳定的网络为纽带,以多媒体技术为载体,借助功能强大的教学信息化平台,将各种职业要求、各种职业应具备的知识、各专业课程与职业的对应关系、各门课程与高校专业的密切联系、各门课程的学习要求、教学大纲和考试大纲、每门课程的教学内容、课程考核评价指标体系、课程的教学计划和授课计划、每门课程的完整教学课件及拓展学习要求、及时在线作业资源、及时在线辅导与答疑资源、及时在线考核、教师的详细情况、电子图书资源、精品课程资源等教学、学习资源进行整合,力求信息资源丰富,从而构建扁平化、立体型的交互式教学信息化服务平台。

高校教学管理信息化建设是一个全面的教学管理改革过程,是一项复杂的系统工程。在组织实施过程中,应充分估计实施的难度,制定具体规划,建立强有力的组织机构,加强硬件和软件的建设,加强管理人员的培训,制定严格的管理制度,建立良好的管理和运行机制,从根本上保证教育信息化目标的实现,促进高校教育教学改革和提高教学质量。

三、教学管理信息化新模式构建的内容

（一）构建教学管理信息化标准制度

高校的教学管理信息要在国内和国际上交流互换，就要制定相关的制度，保证数据的共享性。为了推进高校的信息化建设，首先要加强校园网建设和图书馆信息化建设，制定相应的改革措施和制度。重视教师和教学管理人员在应用信息、技术过程中的作用，制定教师和教学管理人员信息技能的培训政策，让有经验的教师与计算机技术人员共同组成培训小组，为教师和教学管理人员提供操作技能方面的培训和指导。利用信息技术开发和设计教学课程软件，并把教师和教学管理人员的信息技能水平作为其晋升的指标之一。

（二）建立教学管理信息化首席信息官机制

可以向企业学习，进行管理机制和体制的创新，在高校建立教学管理信息化首席信息官机制。首席信息官应该直接参与高校的领导决策，全面负责高校信息化规划。如果没有首席信息官的组织保证，信息技术的应用就仅仅是自动化。将技术与组织有机结合，是教学管理信息化运行的保障机制。从某种意义上说，教学管理信息化就是一场管理革命。

（三）有效整合现有的教学管理信息系统，消除"信息孤岛"

对现有并使用的各类教学管理信息系统，要根据各类并用、逐渐弃旧的原则进行有效整合。对一时无法舍弃的教学管理信息系统，应根据教育部颁发的《教育管理信息化标准》的数据格式编写各类接口，消除"信息孤岛"，主要包括不同厂商之间的接口、新旧版本的接口以及教学管理信息系统与校园网中其他应用软件系统的接口。可以说，《教育管理信息化标准》就是信息交流畅通无阻的交通规则。

（四）教学管理信息化新模式构建

面对信息时代的挑战及其创造的机遇，高校教学管理信息化要不断进行创新，以信息通信技术（information and communications technology，ICT）与现代教学

管理理论有效整合的研究为基础，以资源丰富的、具有在线决策功能的、集智能评价与决策导向功能于一体的交互式教学管理信息化新模式构建为目标，构建教学管理信息化的新模式。

1. 资源型模式的构建

教学管理信息化资源型模式，是以基于资源的教学管理为基本理念，以学校资源和网络环境为依托，构建的一个集教学、管理于一体的综合系统。这种模式是在教务和教学信息标准化、规范化的基础上，对信息资源进行合理的布局，面向学生学习和教师的教学工作，同时结合学校事务管理的网络化和信息化，基于Web应用，结合客户端程序，使其具备强大的信息交互功能和信息沟通功能。

（1）资源型教学管理信息化模式的构建原则

第一，统筹考虑，信息共享。系统基于校园网实现信息资源共享和跨平台的信息资源互访，不仅要面向全校不同部门进行信息资源共享，还要解决学生和教师已有的或将建立的信息系统的资源共享。

第二，包容性和可扩展性。系统应具有较好的包容性和可扩展性，能接纳已有的系统，同时在应用需求变化时（应用需求与系统开发往往不同步）有一个较好的应用平台，易于调整、扩充和升级。

第三，系统简洁，易使用、易维护，适合非计算机专业人员使用。系统的设计符合日常办公运作的需求，功能完备实用，简单易学，界面清晰，易于扩充。网络结构简单明了，层次清楚，便于管理，易于扩充。

第四，可靠运行，安全保密。应具有安全高效的通信机制、身份认证、权限检查，以解决教务信息系统的安全性、保密性问题，防止信息泄密和对保密信息的非法侵入。应考虑与校园网的安全机制相结合，采用路由技术，设立教务信息系统的防火墙。

（2）资源型教学管理信息化模式的构建模型

资源型教学管理信息化模式的构建模型主要有宣传资源模块、办公资源模块、教学资源模块、学习资源模块和其他资源模块。信息化服务平台分为四个子平台，即网络平台、共享平台、服务平台和统一的信息门户，其中服务平台包括学生思想工作管理平台、学科专业管理平台、数字化教学与学习服务平台、人才培养质量监控评价管理平台、人力资源管理平台、学生数据交换平台、网络学术创新平台、科技服务写作平台、研究生学位论文管理平台等。

2. 功能的构想

构建中的教学管理信息化系统，应包含以下功能。

（1）在线决策功能

通过建立完善、科学、合理而又相互关联的决策系统，利用丰富的资源数据、适时采集的数据，依据智能模型和科学、规范、完善的评价指标，为学校的教学管理、教学实施以及教师的教学、学生的学习提供决策支持。

（2）智能评价功能

以科学、规范、完整的评估指标体系为基础，既可以对教师的教学过程及效果进行适时评价，以指导教师及时研究和提高教学效果和质量，又能帮助学生通过教学信息化平台测试、评价、诊断自己的学习情况，切实帮助学生查漏补缺，以促进学生及时调整学习策略、学习内容、学习方法，给其指出需要努力的方向。学校各管理层能从宏观、微观方面对学校整体教学质量、各年级专业学生学习的整体情况、各课程教学效果、学生学习情况等方面进行适时监控。依据《普通高等学校学生管理规定》，对学生的学习情况、行为表现进行适时评价，具有动态评价、友好提示和必要警示的作用，可以促进学生成才成长。

（3）决策导向功能

以高度智能化的评价系统和丰富的资源系统为支撑，以各种职业与课程群、职业与专业、课程群与专业、课程群与课程模块之间的关联关系为依据，以提高教学质量和教学效果为目标，以提高人才培养质量和激发学生学习为目的，为教师教学、学生学习和学校教学组织、实施、管理提供决策和导向。如，依据职业对知识技能的要求和学校所开课程的关联关系，帮助学生根据自己的实际情况和对职业的考虑来选择对应的学习课程；根据学生个人所学习的课程情况指导学生选择适合的职业；根据学生的学习情况，引导学生调整学习方向；依据学生学习过程中对知识的掌握情况及反馈信息，向任课教师反馈教学效果，引导教师改进和调整教学策略等。

（4）立体交互功能

教学管理信息化是一个庞大的系统工程，管理模块多，关系复杂，各模块与各子系统关联密切，系统立体结构完整，数据"回路"通畅，数据标准、规范，具有各种数据交互共享的功能。

第三节 教育信息化背景下高校教学管理机制构建

一、加强信息化基础条件建设

（一）加强校园网的建设

信息化的教学管理必须是基于校园网网络平台的，需要注意的几点是：一要加强现有网络的优化升级，对影响网络速度的瓶颈问题必须加以解决。二要加强与电信运营商的沟通，进一步协调、解决好跨网访问带来的问题。三要增加网络管理队伍的技术力量，三分技术、七分管理，管理好网络是校园网络发挥作用的关键。由于网络是一个开放的世界，存在各种潜在的威胁，网络建好后因为管理不到位而导致网络应用能力下降的事例比比皆是。所以，学校一定要增加网络管理的技术力量，特别是要由技术精湛的高级人才来负责整个网络管理团队，从而带领他们管理、维护好整个校园网络，保障网络访问、数据传输的畅通、快捷。四要定时安排现有网络管理人员分批学习培训，提升他们的技能水平，以更好地为管理好校园网络服务。

（二）建立全校的数据中心

应该对全校的信息资源进行统一规划、建设，建立全校的数据中心，这是目前高校信息化的发展趋势。数据中心的建设不仅能够优化资源配置，也便于对资源进行统一管理和维护。

（三）软件方面的建设

软件方面的建设指的是教学管理信息系统功能的进一步改进和完善。如前文所述，应该加强与高校管理人员以及教师、学生，也就是最终用户的沟通；整合学校的软件研发力量，组建更加强大的技术开发团队，加强相关院系和部门的合作；量力而行，采取自主开发与技术引进相结合的方式，学校自己能做到的自己做，不能做到的也不排斥引进外来专业软件公司的技术力量。总之，要通过多种方式和手段使软件的功能更完善，运行更稳定可靠，更智能化，更有决策支持能力。

二、完善信息化建设组织构建，突出顶层设计

任何一项重要工作的实施和推进，都要有完善的领导组织机构予以支撑。高校教学管理信息化建设是关系学校教学和人才培养全局的系统性工程，不是哪个部门能独立完成的工作，它需要全校上下各相关部门通力协作，二级院系积极贯彻，广大教学管理人员和教职工广泛参与。

在教学管理信息化建设中，要将这些方方面面的部门和人员有机组织起来，形成一个高效的信息化建设整体工作推进的网络，就必须在学校领导层面突出顶层设计，作为引导教学管理信息化建设的领导核心，并在此基础上建立一个比较完善的领导组织架构，负责协调和处理教学管理信息化建设过程中的具体问题。

教学管理信息化建设突出学校领导层面的顶层设计，自上而下，是学校的决策意志强有力的体现，能够确保此项工作的重要性和权威性，在很大程度上减小此项工作在各部门、各二级院系、教学管理队伍和广大教职员工中推行贯彻的阻力。完善的领导组织机构，便于明确各部门、各二级院系在教学管理信息化建设中所承担的角色和任务，确保此项工作在职能部门之间、二级院系之间的横向协调，职能部门与二级院系之间的纵向协调，在运行机制上避免教学管理信息化建设实施过程中部门之间、院系之间相互推诿。

学校领导层面的顶层设计和完善的领导组织架构，从机制上保障了教学管理信息化建设不是学校个别领导的决策行为，而是学校决策层共同研究的集体意志，保证了教学管理信息化建设在相当长一段时间内政策的连续性和完整性，有效避免了教学管理信息化的整体建设进程由于更换个别领导而受阻的情况出现。

三、加强宣传，促进广大教职员工广泛参与

教学管理信息化建设的最终目的是为高校教学管理人员、广大教职员工和学生服务，要达到理想的建设效果，除了要有各职能部门和二级院系的积极贯彻落实外，还依赖基层广大教职员工的广泛参与。

现阶段，在进行教学管理信息化建设过程中，由于广大教职员工仍然习惯于传统的管理模式和管理经验，对教学管理信息系统的接受、使用需要一个心理认同和操作熟练的过程，因此往往对新系统的使用动力不足，对教学管理信息化建设的关注度不够，甚至表现出对教学管理信息化建设持有怀疑和抵触情绪。为应对这样的不利局面，各高校应该采用多种途径加强对教学管理信息化建设重要性的宣传力度，引起广大教职员工对信息化建设的重视，并集思广益，对广大教职员工关于教学管理信息化建设的意见和建议及时做出回应，让广大教职员工切实感受到学校对他们参与教学管理信息化建设的重视和尊重，使他们更乐意积极地参与到教学管理信息化建设中。

一方面，在宣传策略和宣传方法上，不能简单地仅靠下发一个文件或发布一个通知来完成，这种刻板的方式容易让广大教职员工感到是被迫参与教学管理信息化建设的，宣传效果甚微，甚至会起反作用。各高校应当配合使用积极鼓励的引导政策，对在教学管理信息化建设中涌现的优秀教职员工给予适当的鼓励和表彰，将优秀典型使用教学管理信息系统的良好感受进行宣传。通过以点带面，使广大教职员工充分了解教学管理信息化建设的目的，明白使用教学管理信息系统给自身的工作、学习带来便利，引导广大教职员工主动参与到教学管理信息化建设中。

另一方面，各高校应该重视广大教职员工在参与教学管理信息化建设中提出的意见和建议，并及时给予正面的回应。如，在教学管理信息系统的试用推荐上，要及时根据广大教职员工的试用情况进行相应改进；系统正式投入使用后，也要在运行、维护工作中不断听取广大教职员工的反馈意见，通过对系统的及时维护升级，改进、完善系统的各项功能。

四、健全教学管理信息化相关配套制度

从教学管理信息系统运行的技术实施层面来看，要制定标准的系统运行数据信息编码规则，保证统一、规范处理教学运行数据，避免因数据格式混乱、数据内容含义不清晰影响系统运行后期的数据统计分析。

从教学管理信息系统运行的管理层面来看，制定各项教学管理配套制度，可以对教学管理信息的使用进行正确的规范和约束，保证教学管理信息系统运行规

范、透明和公正。对教学管理各种服务事项的办事流程建章立制，便于相关服务信息的对外发布和接受监督，可以促进教学管理信息化建设规范、有序、持续地顺利开展。

五、缜密调研，创建合适的教学管理信息系统

教学管理信息系统的创建是教学管理信息化建设具体实施过程中处于核心地位的一项工作，教学管理信息化建设的技术目标最终都要通过教学管理信息系统来实现和支撑，因此教学管理信息系统创建得科学、合理、先进，运行状态良好，是教学管理信息化建设取得良好成效的重要保障。反之，其对教学管理信息化建设的消极影响也是很明显的。

教学管理信息系统的创建是一项费时、耗力、实施难度大的复杂工程，不是一朝一夕能够完成的，因此高校对教学管理信息化建设要慎重考虑，周密实施。为了确保信息管理系统最终能适应学校的教学管理，并能切实产生积极良好的应用效果，避免信息系统创建过程中投入的人力、资金和时间的巨大浪费，就必须在教学管理信息系统创建前期缜密调研，合理规划，切忌盲目投入。

要进行教学管理信息系统创建前的缜密调查研究，要对学校的办学定位、教学管理模式和管理流程进行准确的梳理和科学的总结，对学校的各种办学资源进行详细的统计分析，做到对学校的整体情况了然于心。

各高校对人才培养目标的定位会随着国家、社会对人才需求的不断变化做出适当的调整，所以高校的教学管理不是一成不变的，而是一个发展的、前进的过程。因此，在创建教学管理信息系统时要合理规划，虽然学校未来发展的具体情况无法提前预知，但对学校的办学规模、教学改革和教学管理流程调整的发展趋势进行必要的统筹考虑和合理规划是非常必要的。这样可以在一定程度上可以避免因学校情况发生变化，信息管理系统在短时间内就要面临重大修改或重新创建带来的巨大浪费，从而使教学管理信息系统保持较长时间的稳定运行多了一份保障。

六、强化培训,提升教职员工信息化建设的参与能力

教职员工是高校教学管理信息化建设的最终受益者,更是教学管理信息化建设的主体。任何先进的教学管理信息系统最终都要依赖广大教职员工积极正确地使用才能发挥它的效力,任何创新的教学管理制度也要依靠他们主动规范地贯彻执行才能发挥作用,因此他们参与信息化建设的能力在很大程度上决定了教学管理信息化建设所能达到的高度。为改善现阶段广大教职员工参与信息化建设能力不强的状况,必须强化对教职员工信息技术应用技能和信息素养方面的培训。

就高校教学管理人员而言,这支队伍既包括学校教学管理职能部门的工作人员,又包括各基层教学单位的教学管理人员。他们既是教学管理信息化建设成果的最大受益者,又是教学管理信息化建设的中坚力量。教学管理信息化建设对教学管理队伍的信息化综合素质提出了全新的要求,这支队伍的信息技能和信息素养的高低以及发展的情况,将直接影响教学管理水平和信息化建设的成效。加强对教学管理队伍的信息技能和信息素养的培训,在教学管理人员熟悉本校教学管理规定和流程的基础上,突出强化教学管理人员对信息化管理的适应能力,使他们可以熟练地应用信息技术处理各种复杂的教学管理事务。高校的教学管理工作不仅复杂而且头绪众多,一个教学管理人员要想胜任教学管理工作就必须经过较长时间的工作实践。任何队伍的建设,都免不了有人员的变动,教学管理人员的正常发展和变动也是不可避免的,但教学管理信息化建设需要一批信息素养良好、信息应用技能水平较高,同时具有实际教学管理经验的人才,因此维护教学管理队伍总体信息化综合素质的稳定发展是非常必要的。而要维护教学管理队伍的稳定,只有依靠对教学管理人员的不断培训才能完成。

就高校普通的师资队伍而言,其信息技术应用能力和信息素养的高低会对教学管理信息化建设的成效产生重要影响。由于现阶段绝大多数高校的办学规模得到了显著的扩张,因此相应的师资队伍也变得较为庞大,部分教师还很难适应信息化的教学管理环境。因此要开展全员信息化教学培训工作,一方面,使部分受传统教育思想、教育观念影响较深的教师尽快接受现代教育教学思想,强化他们树立信息化教育理念,尽力弥补他们在信息素养上面的欠缺,培养他们在教学工作中自觉使用教学管理信息系统的习惯;另一方面,对信息技术应用水平较低的

部分教师，有针对性地开展形式多样和教师喜闻乐见的信息技能培训，努力提升他们使用教学管理信息系统处理各种教学事务的能力。

通过对广大教职员工信息素养和信息技术应用技能方面的培训，提升他们参与教学管理信息化建设的能力，可以提升教学管理信息化建设的成效，把教学管理信息化实施到位。

七、以人为本，突出信息化服务

高校推行教学管理信息化建设的目的是要实现高校教学管理的现代化、科学化，提高教学管理水平和教学服务质量。由于教学管理信息化建设的管理对象与服务对象都是人，因此人是高校教学管理信息化建设的出发点和回归点。当前，我国部分高校在进行教学管理信息化建设时，过多地注重实现教学管理职能，而对教学管理信息化建设的服务职能重视不够，导致教学管理信息化建设的受益面往往集中在教学管理方面，教学管理信息化建设层次不高。为改善这种不利局面，应当将以人为本充分落实到高校的教学管理信息化建设中，转变职能，突出服务。

在高校教学管理信息化建设中秉持以人为本，充分肯定广大教师、学生和教学管理人员的主体地位和自主价值，既要解决教学管理人员在教学管理过程中遇到的各种问题，又要确保高校最广大的群体即教师和学生能够从教学管理信息化建设中得到更多切实的信息化、人性化的优质服务。

在教学管理信息系统功能的设计定位上，一方面要考虑设计面向解决如教学计划管理、教学任务下达、课表编排、考试安排、学籍学历管理、成绩管理、网上教学评价、网上选课等管理问题的系统功能；另一方面更多听取广大教师和学生的意见，尊重教师的地位，体现教师的价值，在系统功能设计上，多为教师设计一些信息化教学资源的管理共享交流平台，多为学生设计一些人性化的、便利的自助学业事务办理功能。要将教学管理信息系统的功能进行衍生，从原来单一的管理系统变成管理和服务系统。

在教学管理信息化配套制度的制定上，也要充分考虑广大教师和学生的切身感受，该下放的权限要坚决下放，不该约束的坚决不约束，摒弃传统的教学管理制度中不合理、不科学的规定，将人性化的思想贯穿于信息化配套制度制定的全过程。转变教学管理部门的工作职责，一方面在实现管理目标的过程中提供优质的教学服务，另一方面以提高教学服务水平为途径促进教学管理水平的提高。

八、建设"文化型"的信息化校园

只要有高校校园存在，其校园文化便是我们这个时代丰富多彩的文化中一道亮丽的风景线。然而，在信息化浪潮下，这道风景线又将发生怎样的变化呢？我们应该注意哪些问题？下面针对信息化背景下的校园文化建设进行探讨。

所谓校园文化，就是校园人的文化。可将之理解为：校园人在与校园世界和校园外部环境的互动之中，形成的特定的校园生存方式，以及在这种互动中，校园人所具有的特定的价值观和情感表达。

校园文化是学校精神文明建设的重要内容，是学校教育的重要组成部分。校园文化建设具有教育导向功能、创新激励功能和引导学生自我成才的功能，是高等教育不可或缺的有机组成部分。先进的校园文化建设成为一所学校发展和进步的体现，能直接推动办学效益的提高。

随着信息技术的飞速发展，社会的信息化进入了高速发展期。在这种潮流下，信息技术特别是互联网技术已经影响了高校校园人生活的方方面面，校园人开始体验信息化所带来的数字化生活，正如传统的教学管理现在都已经实现信息化一样。当信息化发展到这种程度，我们就必须考虑一个新的问题：这一切的变化赋予了校园文化怎样的意义？于是，"信息化对校园文化的冲击"成为校园文化的一个新的主题。信息化已经成为当代校园文化的一个有机组成部分。

从现有的情况来看，信息化对校园文化的影响可以概括为两个方面：从技术的角度来看，信息化已经使校园生活渐渐依赖信息化的网络平台，这使校园的生活方式和行为特征等方面发生诸多变化。如，现在高校教师排课、学生选课都是通过教学管理信息系统完成而不是手工操作；学生向教师交作业越来越多采用电子稿形式，与教师、同学讨论问题也更多通过网络进行，等等。从校园人自身角度来看，信息化的过程也影响了校园人的内部心灵、价值观念以及外部行为方式。如，教学论坛为教师充分展现其丰富的思想和内心世界提供了更多的可能；信息化背景下学分制教学管理改革的推行，使得学生之间在一起当面学习交流的机会相对减少，传统的班集体概念被淡化；等等。

那么，究竟该如何面对信息化对校园文化的冲击呢？有学者在阐述网络化与人类社会文化的关系时，曾经提出网人共生的概念，即人类应该正确看待和处理

"网与人"的关系问题,并在此基础上去探索人类未来的生存方式。秉持一种"共生"的理念,或许将是人类的一种较为合理而明智的选择。

我们希望在越来越信息化的高校校园里,校园人一方面能够很好地适应信息技术给生活所带来的一步步改变,优游于信息技术所创造的新的校园生活环境中,成为一个"新校园人",成为一个"信息校园人";另一方面,校园人也能够很好地解决信息化可能会带来的一系列问题。在越来越信息化的生活中,赋予信息化以更为积极的文化含义,使信息化和校园人的文化和谐地共生发展,从而在信息化校园的平台上,开创一种新的校园文化格局、新的校园文化气象,让校园人能够在信息化的校园中度过更加美好的校园生活。

第五章 教育信息化背景下高校学生事务管理机制的构建

第一节 高校学生事务管理信息化的内涵

一、高校学生事务管理的概念

（一）学生事务界定

学生事务，是指高校为引导学生成长、管理学生日常校园行为等开展的活动。通常，在内容上分为辅导性学生事务、管理性学生事务和指导与服务性学生事务三个板块，不包括具体的学术上的教学事务。该定义包含以下三点。

第一，高校学生事务是以促进学生学习与成长为根本任务，以满足创新人才培养需求以及提供高校思想教育等课堂之外的具体工作内容为前提的。只有为学生学习、生活和发展提供全方位的服务，具备社会保障条件，才会成为高校所提供的学生事务，并不是所有的学生需要都会成为学生事务。

第二，管理性事务针对的是全体学生，依据相关规章制度强化学生的契约意识，使每一个学生在高校校园里能够在制度章程的框架下自由发展。辅导性事务是以思想建设引领学生的理想信念，是学生践行社会主义核心价值观的具体事务。服务性事务是指不断细化学生事务的分工，以此提高学生事务工作的专业化水平，对学生开展个性化的精细性工作，由学生据以选择的具体事务。实际工作中高校对这些具体事务并没有明确的界限划分。

第三，高校学生事务通常发生在课外活动时间，涉及内容是相对教学内容来讲的，活动阵地主要在教学课堂之外。

（二）高校学生事务管理

随着近年来我国高等教育的改革发展，学生工作的内容不断细化，逐渐扩展到生活、职业发展、心理健康等方面，涵盖了意识形态、制度管理和生活服务等多个方面，使得高校学生事务管理这一概念与当前我国高校学生事务管理的现状与发展更加吻合。国家颁布的一系列规章、文件的施行，也充分体现出我国对高校学生事务管理的重视度、关注度的不断提高，主要体现在从被动化的制度管理和监督逐渐向"以人为本""以学生为本"的人本管理转变，通过灵活多样的教育教学管理手段挖掘学生的潜能，尊重学生在学习、工作和生活方面的主体地位，实现学科教育、管理育人、服务育人和学生发展有机结合。学科教育与管理育人之间相互补充、相互促进，不仅促进了高校思想教育发展，而且增进了其对"以人为本"的学生观的认识及贯彻落实。

我国学者对高校学生事务管理的定义为：高校通过学生的课外活动和非学术性事务等方式对学生施加教育影响，进而实现对学生的引导、教育和服务，丰富和拓展高校学生个体的生活实践，促进学生不断进步和发展的组织活动。

高校对人才的培养主要通过两个途径开展：第一个是通过学术事务来使学生掌握一定的知识与技能、过程方法和价值观，第二是通过学生事务来实现高等教育的育人目标。其中，学术事务对应高校的教育教学科研工作，通常指学生在校期间的学籍管理、专业学习、课程安排及管理、教学、科研、学业生活、认知发展等；学生事务对应高校学生工作，即学生在校期间，除学术事务外，由先前确定的特定组织机构和专业工作人员从事的有目的、有计划、有组织的管理人、服务人、培养人的所有课外活动的总称，包括学生的入学教育、住宿及饮食、学生活动、职业规划与就业服务指导、突发事件应急处理、勤工助学等。

（三）高校学生事务管理与学生工作

国内许多人直接把"学生事务管理"和"学生工作"画上等号，其实确切地讲，两者存在一定的差异。

"学生工作"一词（高校为学生健康成长服务的所有直接和间接工作的总和）至今仍然有高校在使用。在大众化高等教育进程的推动下，逐渐发展为"学生工作"，可以说是教育与管理并存，它是以思想教育为主导，以校园文化建设为辅的工作体系。"学生管理"已经削弱了"管理学生"的强制性约束力，并外延到管理学生的具体事务中。我国高校学生工作是指由与教学工作、科研工作相平行的专门机构和人员从事的以思想教育、成长发展指导、学生事务管理为主的教育、管理和服务工作，其工作效果直接体现在对学生客体的具体工作内容上，表现在教育、管理和服务并重的三个方面上。

第一，教育主要是指以学生思想教育为核心内容的工作，其主要包括思想道德教育与行为养成、形势政策教育、安全稳定工作等。

第二，管理则是以学生事务管理工作为基础，主要包括班级建设与管理、奖惩助贷等日常事务管理、宿舍文化建设与管理等。

第三，在教育和管理的基础上，通过创造一定的条件，以学生发展为主导工作，为学生成长、成才提供服务，主要包括生涯规划与成长指导、学业指导、就业指导、心理咨询与辅导、素质拓展与社会实践指导、校园文化活动指导以及创新创业活动指导等。

二、学生事务管理相关理论

（一）人本管理理论

人本管理，是以人为本管理的简称。人本管理往往把人作为考虑一切问题的根本，因此也可以称为以人为根本的管理。早在20世纪30年代，西方很多企业已经把员工作为企业最重要的资源，根据员工的兴趣、特长、能力、心理状况等情况来科学合理地为其安排最适合的工作。并参考马斯洛的需求理论，在工作中兼顾员工的成长和价值，通过使用科学的管理方法，使用完善的企业文化建设和人力资源开发计划，在工作中充分调动和发挥企业员工工作的积极性、主动性和创造性，进而提高工作效率，提升工作业绩，以求让员工能够在实现企业目标的过程中发挥最大的作用。

而人本管理对高校学生事务管理而言，主要是要求高校学生事务管理做到区别于传统"以物为中心"的物本管理，要求高校开展学生事务管理工作既要依靠原则规定、制度约束、规范管理等硬性手段来开展，更要通过培养、调动和锻炼学生的情感、意志、思想等方法来加以完善，这就从人本的角度对目前高校学生事务管理工作提出了新的要求。在高校开展学生事务管理信息化过程中，更要注重以人为本的管理理念，学校各级管理者首先应该树立以人为本和管理育人的理念，积极创造民主、自由、平等、有效的育人环境，制定和实施正确的管理政策、措施。在推进学生事务管理信息化的过程中要把学生当作学校管理之本，强调以学生为中心，特别要重视学生作为青年人的特征，充分尊重他们的爱好和兴趣，最大限度地满足他们的种种合理需要，维护学生的权益和利益，充分调动学生个性化发展的积极性，切实服务学生。

（二）目标管理理论

1954年，美国管理学家彼得·德鲁克在其著作《管理实践》中首次提出了目标管理（Management by Objectives，MBO）的概念。当时，由于科学和经济的蓬勃发展促使企业组织越来越大，企业分工越来越细，专业性越来越强，而整体的一致性和协调配合相较分工的专业性等问题则更容易被忽视。在这种情况下，如果管理者不能及时应对外部环境的变化，继续使用忽视人性的管理模式，仍然采用家长式的"压迫式"管理已经不能完全控制整个局面，还会造成管理者与被管理者对立的局面。德鲁克结合管理的实质，提出了"目标管理"理论，该理论在重视理性管理的同时也兼顾了人性的管理，通过设定目标，激发人的动机，引导人的行为，使人的需求与人的期望和目标挂钩，进而充分调动人的工作热情，唤起人的积极性和创造性。新的管理方法在总目标确定的基础上，再确定一定的分目标，并为努力实现这一分目标而进行进一步的组织管理和控制。用"目标"代替手段实现对下属的管理是其精髓。

21世纪以来，随着社会的发展和高等教育改革的不断深化，高校学生事务管理工作也面临许多新的情况，招生和就业制度改革、教育教学内容及方式改革、学生个体情况发生变化等带来许多挑战，而网络技术及新媒体的突飞猛进又给高校学生事务管理应用信息化手段带来较大的不确定性。高校在推进学生事务管理信息化的过程中可以参照企业目标管理的理念，重视人的因素，让学生和一线学生事务管理人员参与信息化项目目标的制定。要注意建立目标体系，当学校组织者确立总体目标之后，必须对其进行有效分解，把学生事务管理信息化的目标转变成个人和各个部门的目标，以实现学生事务管理信息化的高效开展。

（三）过程型激励理论

在很长一段时间里，管理学的核心问题一直是激励问题。对人类的行为进行不同的假设，从而提出不同的激励机制也一直是行为管理学派、科学管理学派以及其他一些管理学派之间的一个最基本的矛盾。"激励"一词在管理学与经济学中的含义各不相同。相对以强调人的内在动机为基础的管理学中的激励，经济学中的激励重点更多地强调利用外部手段，如激励、惩罚来诱使人采取某些行动。长期以来，经济学与管理学的激励理论研究并没有充分地结合起来，而一直是泾渭分明的。管理学中的"行为科学"在20世纪30年代以后得到了迅速发展。一些在现代非常有影响力的激励理论大多是建立在"行为科学"这一理论基础上的。现代激励理论的发展则经历了从侧重激励内容的研究到对激励过程的探索。过程型激励理论是指着重研究人从动机产生到采取行动的心理过程。根据激励理论的要求，激励具有促进社会交往和人际关系、激起创造的欲望、健全人格等心理效应。期望理论是过程型激励理论的一种。美国心理学家维克托·弗鲁姆的"期望理论"认为，一种行为倾向的强度取决于个体对这种行为可能带来的结果的期望强度以及取得这种结果时的行为吸引力。期望理论的基本模式是：

激励 = 效价 × 期望值

该模式表明，能够以最大化效价满足个人需要的是行为目标，如果实现目标的可能性过小，那么激励效果也就不会十分明显。相反，虽然某种目标实现的可能性很大，但如果对其个人没有很大的价值，那么人的积极性也不会被明显地激发出来；如果要取得有效的激励，那么应当使效价和期望值都足够大。

学生事务管理信息化建设的目标很大程度上是满足学生及一线学生事务管理人员的需求，以求获得信息化手段带来的高效和便利。而对不同的学生事务管理职能部门，在开展信息化建设时也应该注重对它们进行激励，毕竟每个部门的信息化建设目标不同，只有对它们进行积极的激励才能激发它们更多的参与意识，也才能保证信息化建设能最大限度的符合各个部门及人员的需求。

三、管理信息化的有关理论

（一）项目管理理论

随着社会的快速发展，特别是随着以计算机和网络为代表的信息技术的迅速发展，项目管理理论被广泛地应用于经济、文化和政治领域。特别是在信息化项目领域，虽然信息化工程符合项目的所有特征，但由于信息化项目的风险大，要保证项目工程顺利完成，对项目过程进行管理的方法就变得尤为重要。而且信息化工作涉及实施单位的管理、技术、人员等各个方面，影响因素众多，关系复杂，其设计、开发、实施都需要进行有效的管理。因此，在信息化项目中使用项目管理的思想和方法能够提高项目的成功率。如果在学生事务管理信息化项目中积极采用项目管理的基本方法并结合信息化特点开发其管理系统，并做到对信息化项目进行全面的计划、跟踪、控制，就能够有效的保证项目本身和项目的结果达到预期目标。

（二）系统动力理论

1956年，美国麻省理工学院的福雷斯特教授在其著作《工业动力学》中进行了最初的系统动力学的研究。该研究最早被应用于工业企业管理，因此也被称为工业动力学。后来，随着该学科的进一步发展，其应用也越来越广泛，逐渐遍及经济社会等各个层面，因此被改称为系统动力学。1955年以后，随着计算机及信息技术逐渐成熟和普及，福雷斯特教授提出研究系统动态行为的一种计算机仿真技术，即系统动力学（System Dynamics，SD）。1968年，福雷斯特教授在《系统原理》一书中着重介绍了系统的基本结构。

随后，系统动力学逐步完善并得到国际上的广泛关注。系统动力学以鲜明的系统观面世后，一直保持着以系统方法论的基本原则来考察和研究客观世界。经过数十年的发展，系统方法论日渐完善。国际系统动力学学界就以"系统思考（System Thinking）"一词来简要概括系统方法论的基本原则及其系统观念。决策过程理论是系统动力理论的重要组成部分，该理论认为企业的生产经营决策过程是一个有序的系统过程，由于受周围环境的影响，决策的质量无法用自由意识来进行随意控制，要有效应对周围环境变化带来的影响，必须通过系统的程序模式与规则来推论行为准则可能出现的反应。考虑到这个特性，系统动力学强调决策制定要研究环境对决策的影响以及决策又如何反过来影响环境。系统动力学认为组织策略的设计是企业未来发展的重要步骤，以此来改善企业内部及与企业关联的外部环境的复杂系统结构，再通过分析目标和子目标的多重性，最终找到最优的决策。高校学生事务管理信息化工作是一项系统化的工作，从组织结构上来讲涉及学校的多个部门，从人员上来讲涉及领导、普通学生事务管理一线人员、学生等多个层面的人员，从目标上来讲学生、教师及整个学校的信息化目标仍存在不同程度的差异，因此使用系统动力理论开展高校学生事务管理信息化实践符合科学合理的目标需求。

（三）信息化绩效评价理论

早在 1992 年，杰洛涅和麦克莱恩就提出了以 D&M 模型为主体的信息系统成功评价模型。在这个评价模型中，杰洛涅和麦克莱恩认为信息系统的成功是一个具有时间和因果关系的过程。2003 年，他们在原来的基础上，又提出了一个更新的信息系统成功评价模型 IS 成功模型，这个模型从信息质量、系统使用、个人影响、组织影响、用户满意和系统质量这六个指标来衡量信息化的成功与否。美国管理学家戴维·诺顿和罗伯特·卡普兰提出了从客户、财务、学习与成长、内部业务流程四个指标来综合评价企业绩效，并在企业愿景和战略框架统领下构建系统的平衡计分卡（BSC）绩效评价体系。客户、财务、学习与成长、内部业务流程四个指标通过相互驱动的因果关系共同构成一个完整的绩效评价体系。这些信息化绩效评价理论的研究有力地充实了企业信息化绩效评价的理论体系。

早在 20 世纪 80 年代，在公共事务领域，英国的审计委员会认为，经济（Economic），输入成本的降低程度；效益（Effectiveness），产出对最终目标所做出的贡献大小；效率（Efficiency），产出和投入之间的关系，即所谓的 3E 标准，是衡量公共组织的绩效的基本方法。但是在高校信息化的投入和需求中，由于公平和利益是紧密而不可分割的，公平性的要求同样应该被体现出来。经济、效率、效益、公平，也是逐层递进的。经济关注的是投入成本问题，效率则强调投入与产出之间的关系，效益则更加侧重产出的贡献，公平则更加侧重产出的范围和程度。如果对高校信息化绩效的问题进行全面透彻的研究，使用这样层层递进的分析方法才是最合理的。对高校信息化的绩效评价，较为合理的分析方法是采用经济、效率、效益、公平的4E标准进行分析。它一般包括四个方面的绩效指标（4E）。

1. 经济／成本标准

高校信息化绩效的经济指标是指高校信息化工程按法定程序的投入状况。其追求的目标是以最低的投入或成本，生产和提供一定数量和质量的信息化产品和服务。

2. 效率／生产力标准

高校信息化绩效的效率指标是指高校信息化工程投入与产出之间的比例关系。其追求的目标是以一定代价获取最大的收益。

3. 效果／质量标准

高校信息化绩效的效果指标关注信息化工程实施后，校方、教师、学生是否满意，教学质量是否有了提高，工程是否达到预期目的，它关心的是目标和结果。

4. 公平

高校信息化绩效的公平指标与法律和社会理性密切联系，其侧重的是信息化工程效果和努力在社会群体中的不同分配。公平作为衡量指标时，关心的是"接受信息化服务的部门和个人能否得到公平的待遇，需要特别照顾的弱势群体是否能够享受更多的服务"。基于以上论述，高校进行信息化绩效评估时应以企业为榜样，吸取有益的理论和实践经验，积极探索和建立合理的信息化绩效评估模型。

四、高校学生事务管理信息化

高校学生事务管理信息化，就是在原有学生事务管理模式的基础上，以交互化的学生工作信息网络为支撑，通过全面开放的信息化应用服务体系，对学生事务管理工作的传统体系在应用模式和管理模式层面进行优化改造，以求形成更便捷高效的学生工作管理模式，实现对高校学生有效的教育及引导。

（一）高校学生事务管理信息化的内容

学生事务管理信息化就是高校通过建立和使用功能完善的学生事务管理网络平台，实现数字化和流程网络化的学生信息管理模式。学生事务管理信息化的根本是以信息技术对传统的学生事务管理工作流程进行优化改造，在运用基于信息化管理平台的学生事务管理工作运行机制基础上,使用数字化形式将学生事务管理工作的信息加以整理、归纳、运用及共享。

高校学生事务管理信息化主要由学生事务管理的各个信息化系统平台、信息化硬件、信息化制度和相关熟悉信息化操作的工作人员共同组成。高校学生事务管理信息化的核心是学生信息管理系统。在学生事务管理的整个信息处理过程中,学生档案信息处于中心位置。

(二)高校学生事务管理信息化的构成要素

作为一个管理领域的信息化,高校学生事务管理信息化同样包括信息网络、信息资源、信息技术应用、信息化人才、信息化产业和信息化政策法规六大要素。这六个要素是一个有机整体,构成了整个高校学生事务管理信息化体系。其中,信息网络是基础,信息资源是核心,信息资源与信息技术的应用是目的,信息化人才、信息化产业、信息化政策法规是高校实施学生信息化管理的保障。

1. 信息网络

信息网络是高校学生事务管理信息化建设的重要内容,也是实现学生事务管理信息化的物质基础和先决条件。目前,我国很多高校都提出"数字化校园"的建设构想,并将其付诸行动,校园网络建设得到快速发展,几乎所有高校都拥有自己的校园网络并与中国教育管理网连接,学校的各级管理部门大多实现网上办公并积极建设自己的管理网站。高校为学生上网提供了各种各样的便利条件,加大了学生计算机中心、网络实验室的建设力度,加强了学生宿舍局域网的建设。这些基础设施的建设为高校学生事务管理信息化奠定了坚实的基础。

2. 信息资源

高校学生事务管理信息资源是应用于高校学生事务管理过程中的各种信息资源,它的有效开发和利用是高校学生信息化管理的核心,也是关系高校学生信息化管理成败的关键所在。

高校学生事务管理信息资源可分为以高校学生事务管理信息为核心的学生事务管理软件资源和以学生事务管理信息系统中的基础数据为核心的学生信息资源。学生事务管理软件资源主要包括以多媒体素材为基础的多媒体信息资源和以学生事务管理信息资源的生成、处理、分析、决策、利用为基础的各种工具资源、互联网资源等。学生信息资源指为实现现代学生事务管理而建立的以被管理者、管理内容、管理资源及其支持服务体系为主要内容的各类数据库资源等。

3. 信息技术应用

信息技术是指对信息的采集、加工、储存、交流、应用的手段和方法的体系。它的内涵包括两个方面：手段和方法。手段即各种信息媒体，如印刷媒体、电子媒体、计算机网络等，是一种物化形态的技术。方法即运用各种信息媒体对各种信息进行采集、加工、储存、交流、应用的方法，是一种智能形态的技术。信息技术就是由信息媒体和信息媒体的应用方法两个要素组成的。信息技术的核心是信息的数字化、信息传播的网络化。信息技术是高校学生事务信息化管理的技术支持，是学生事务信息化管理的驱动力。在高校学生事务信息化管理过程中开展信息技术研究，不仅可以丰富高校学生事务管理信息化的研究内容，更重要的是可以将新的、更加有效的物化形态技术和智能形态技术应用于信息化学生事务管理中，提高学生事务信息化管理的效果和水平。

信息技术在高校学生事务管理中的应用是高校学生事务管理信息化建设的根本出发点和主要目的。有了信息网络和信息资源这些基础条件，信息技术的应用就成为高校学生事务管理信息化建设的主角。可以说，学生事务信息化管理的效益主要体现在信息技术的应用这一环节。在信息技术应用方面应主要做好四件事：一是做好与思想理论、方法密切相关的建设，它决定信息技术在学生事务管理方面应用的方向，直接关系信息技术管理应用的质量和效果；二是建立与当地学生事务管理信息化环境、教育管理对象及教育管理内容相适应的、信息化的学生事务管理模式；三是必须提高管理者及受管理者应用信息技术的兴趣和基本技能；四是在不同层次上开展信息技术与高校学生事务管理整合的理念研究和实践，并将其作为学校信息技术管理应用的主要任务。

4. 信息化人才

实行高校学生事务信息化管理，人才要先行。为了实现高校学生事务信息化管理，需要培养大量掌握信息技术，具备先进的学生事务管理理念以及信息技术应用能力的学生事务信息化管理人才。

高等教育行业某一领域的信息化管理人才有两种含义：一是通识型学生事务信息化管理人才，这是对在高校中从事各种学生教育、管理、服务的各类人员而言的，是对该领域全体工作人员信息技术知识、能力和素质的共同要求；二是专业型高等教育学生事务信息化管理人才，主要是指专门从事学生事务信息化管理物化形态技术和智能形态技术的研究与开发、高校学生事务信息化管理应用和维护的专业人才。

一般来说，对通识型高校学生信息化管理人才的要求是应具备基本的获取、分析和加工信息的能力；对专业人才的要求更高，分工更细，可以是高级软件人才、网络工程师等。

5. 信息化产业

信息化产业主要指信息技术设备制造业和信息技术服务业。由于信息技术设备制造业的发展需要强大的技术和资金优势做后盾，因此，在我国高校学生事务信息化管理进程中，信息化产业的发展应由不同的社会部门分工协作来完成。其中，学生事务管理信息技术产品的制造业应动员学生事务管理部门、科研院所和相关企业等互补性较强的部门共同参与，以便将学校从学生事务管理信息技术产品的开发中解脱出来，集中精力和优势资源做好以学生事务管理信息资源的开发、利用为主的信息技术服务。

6. 信息化政策法规

高校学生事务信息化管理是一项系统工程，为确保高校学生事务管理信息化工作的顺利进行，高校及相关部门必须对学生事务管理信息资源开发、学生事务管理信息网络建设、学生事务管理信息技术应用、学生事务管理信息产业等各个方面制定一系列的政策法规，以规范和协调各要素之间的关系，这既是高校学生事务信息化管理发展的重要条件和有力保障，也是开展高校学生事务管理信息化工作的依据和蓝图。只有这样，才能使高校学生事务管理规范化、秩序化，推动高校学生事务信息化管理健康顺利地向前发展。

（三）信息化技术在高校学生事务管理中的应用方式

针对学生事务管理的难点，高校应该把控大方向，充分利用信息化技术，及时了解学生的思想发展趋向，调整管理方式。

1. 构建完整的学生事务信息化管理系统

信息时代，智能技术迅猛发展，人们的生活方式发生了较大改变，无论进行何种活动，采用自助方式都能够最大限度地节省时间。高校学生事务管理应该与时俱进，构建完整的信息化管理系统，使学生在感受"自由"气息的同时，培养自我约束的能力。

2. 充分利用智能设备了解学生的真实思想

高校学生思想各异，是学生事务管理中的难点。学生进入高校之后，迅速由"他律"转向"自律"，学生容易迷失或产生心理问题。因此，管理者必须充分利用智能设备，通过互联网的隐蔽性与学生进行充分沟通，及时了解学生的真实思想，并积极引导，从而使学生尽快调整心态，全身心的投入学习之中。在具体管理中，高校应该做到：第一，明确利用智能设备与学生沟通的方式，做到人人平等，没有教师与学生，没有管理者与被管理者，更没有上下级关系，沟通双方处于同等地位，可以无话不谈。第二，保证沟通内容的隐私性。一旦学生认为自己受到最信任人的欺骗，学生内心会感到失落，会对学生事务管理造成阻碍。第三，隔着网络这层窗户纸，学生会放下很多思想包袱，认真与管理教师分享自己的心事，管理教师需要用心聆听学生完整的陈述。聆听是管理教师收集学生事务管理信息的最佳方式，明确学生的问题出现在哪里，对症下药，能够在管理上取得事半功倍的效果。

3. 结合信息化技术改善思想教育工作方式

网络时代，学生获取信息的渠道多种多样，接触的事物涉及领域广泛。高校应该注重收集极具鼓舞性的视频，通过校园网、微信公众号、微博等信息交流平台分享，这样既可以提高学生的关注度，又可以让学生看到学校的管理者，接地气的做法最容易获得学生的好感。针对国家政策等相对严肃的话题，为了方便学生理解，管理者也可以制作一些趣味性视频和新闻稿，使用网络用语，将严肃的气氛冲淡一些，从而使学生乐于观看，在轻松的氛围中了解国家大事，提升思想教育工作的成效。

4. 建立有效的信息化反馈渠道

当代学生思想丰富，敢想敢做，对高校日常事务拥有自己的见解和疑问。高校应该建立有效的信息化反馈渠道，实时接收来自学生的建议并及时回复。很多高校正在兴建新校区，其占地规模、配套设施等相较老校区都有根本性改变，如智能化图书馆、游泳馆、健身馆等，但很多工程需要经年累月的建设才能完成，有些学生终其高校生涯都无法等到建成的一天。基于此类情况，管理者可以通过信息化渠道向学生宣布，无论何时，母校都不会变，尽管现在无法享受到新设施、新服务，但在不久的将来学生可以随时返回校园重温学生时代的生活。学生毕业之后虽然会各奔东西，但会永远记得学校的好，尤其是在重视学生意见、利用信息化渠道与学生沟通这一点上，毕业生会对学弟、学妹进行正向引导，从而使高校学生事务管理工作可以长时间维持高效率。

我国高校教育水平正在朝着良好趋势发展。高校学生事务管理需要从学生的思想方向和实际情况出发，积极了解学生的真实想法并加以正确引导，从而使每一个高校学子树立正确的世界观、人生观和价值观，并努力成为为国家发展做出贡献的人。

第二节　信息化发展对高校学生事务管理的影响

一、我国高校学生事务管理的现状

目前，我国各大高校在校园信息化基础设施的配置和信息化管理平台建设方面已经相对完善，对各项学生事务基本实现了信息化管理。

（一）高校学生事务管理信息化的基础设施建设不断完善

20世纪90年代以来，我国的教育信息化建设呈现快速发展的趋势，高校学生事务管理作为信息化建设的一部分也在迅速发展。校园信息化基础设施建设、计算机系统建设以及在高素质的信息化人才培养方面都取得了显著的成效。目前，在全国范围内已经逐步建立起中国教育科研网、地区性教育网等。各大高校也逐步普及了校园网，它们大都和互联网直接连接；校园里各种多媒体教室、数字图书馆、自助校园导航终端等大量出现。当前，教育信息化进入了一个新的更加便捷的发展阶段。高校的这些基础设施广泛应用了先进的通信和计算机技术，很多高校在新生入学、学期注册、咨询服务等方面都实现了信息化。

（二）高校学生事务管理信息化系统和平台建设日趋完善

教育信息化的一个重要方面就是构建一个适用于教育领域的庞大的信息资源系统。信息化平台不仅是一个事务管理系统，而且是一个集决策支持、行政事务管理等于一体的综合管理服务平台。它是以高校信息资源管理和应用为核心，建设基于高校管理与服务，适应学校发展与创新需要，构建的一体化、多层次的高校管理信息系统应用体系。

计算机硬件基础设施建设是高校信息化平台建设的基础，包括各种计算机设备、交换机和校园网专用服务器等，这是高校校园网建设的基础。数字化校园的核心是数据库，由学生信息库、教师信息数据库、档案信息库、教学资源信息库和管理信息库构成，为信息化平台建设提供数据支持。各个数据库相互独立，但是也具有很强的关联性，学校可以通过不同数据库之间的内在联系把各个数据库连接起来，方便师生进行查询。

高校是教育信息网络技术的中心，同时，高校拥有信息化最重要的资源通信、网络、计算机的专门人才，拥有强大的技术优势。各大高校相继建立了校园网，涵盖了学校概况、师资力量、后勤服务、就业服务以及论坛等各个方面，为学生的学习生活提供一站式服务。信息化系统和平台建设逐步完善，从数字信息化建设开始到现在各高校信息化平台的建设都更加完善。

二、信息化为高校学生事务管理工作提供了新的机遇

（一）信息化实现了高校学生事务管理工作数字化

社会信息化，是以互联网技术为代表的信息技术发展的一个必然结果。社会已经步入信息化时代，社会信息化对高校学生思想教育工作的影响是深远的。信息化使学生事务管理工作转向数字化。以前，高校在统计学生基本信息时往往采用一个学生一张信息登记表的形式，以便于辅导员或其他教师了解学生的基本情况。而现在，在对部分高校的教师进行调研时发现，学生的信息统计基本上都已经采取数字化的存储方式，当需要查看学生的信息时可以方便地进行数字信息查找。同样，在高校数字化校园建设中，由于要求每个新建设的系统都要与中心数据交换平台相兼容，要符合数字化校园的标准，因此新系统的业务数据都会被提

交到中心数据库中。这样做可以方便实现学校数据管理标准化、集成化、权威化，并确保数据的完整性、有序性、一致性和共享性，为业务系统和最终用户提供便捷、高效、安全的数据存储，使访问服务实现对数据的有序组织和集中管理，同时推动和促进职能部门的业务规范化和学生事务管理工作的科学化。实行高校学生管理信息化，可以使学生事务管理工作的内容与管理流程更加科学化、制度化、规范化，可以避免重复的人力劳动，将原来大量的重复工作简化，避免人为的不合理因素，节省了人力，减少了工作量，并且避免了工作中一些失误和错误的出现，提高了工作效率，拓展了学生管理人员的工作空间。

（二）信息化加强了高校师生间的沟通与反馈

高校大学生作为具有较高文化层次的特殊群体，在网络时代无疑也是受影响较大的重要团体。如此庞大的参与群体为高校学生事务管理工作的开展提供了便利，也为进一步加强与学生沟通与反馈提供了便利。

信息技术的发展和普及使得低沟通成本的信息化手段迅速深入高校学生管理的各项工作当中，高效便捷的信息技术在被大学生使用的同时也在较大程度上提升了高校学生管理者与学生的沟通效率。微博、微信等网络新媒体所具有的互动性、移动化、个性化、主动性等传统媒体无法比拟的优势让它成为一种全新的传播手段，也越来越受到人们的喜爱。在对高校学生事务管理工作人员的访谈中，他们也都提到，高校学生特别钟爱微博、微信这些新媒体，如果能够利用新媒体来打破大学生思想教育工作的局限，使人与人之间的交流与沟通得以增强，那么针对大学生的思想教育的实效性将会大大增强。由于网络等新媒体具有信息量大、共享便捷、传递快速的优势，在高校开展学生事务管理工作中如果可以利用新媒体及时传播时事资料、先进思想、先进案例等信息，学生事务管理工作者就可以将这些信息制作成自己喜欢的资料，从而使思想教育工作内容更加丰富化、灵活化，这既能使大学生开阔视野、提升境界，又能使思想教育工作多样化，为学生事务管理工作的创新提供良好的条件。

（三）信息化使高校的学生事务管理工作更加高效便捷

学生事务管理工作信息化是高校工作现代化和高效化的助推器。作为高校发展目标的学生工作信息化管理，既是信息社会的一种表现，也是社会信息化的一个具体目标，管理信息化和人本主义教育协调发展有机结合的学生信息化管理，有力推动了高校学生事务管理工作的现代化和高效化。

三、信息化对我国高校学生事务管理的积极影响

信息化在高校的迅速普及大大方便了学生的学习生活，也大大提高了高校管理部门的工作效率。学校在做好校园管理的同时，更加注重便捷的服务。

（一）信息化促进数字化校园的建设

所谓数字化，是指应用现代信息技术，将文本、声音、图像、动画等物理信息以一定的数字格式录入、存储及传播，简单地说就是信息处理的计算机化。数字化校园就是要在校园内建设一个以校园网为媒介，以信息化管理为重点，以信息化服务为支撑的便捷的校园管理系统。校园主干网络的建设覆盖整个学校的建设，连接包括图书馆、食堂等自助终端设备，实现校园网和区域主干网的对接，实现教师教学、学生事务管理、教师教育研究的信息一体化，随时随地为校园里的教师和学生提供便捷的信息服务。建设数字化校园就是建设一个理论和实践相结合，信息技术过硬、应用广泛的信息系统，实现信息服务数字化、智能化，信息管理自动化。实现学生事务信息化管理就是要借助智能化的计算机系统，将学校行政管理、学生事务服务等不同的系统对接，使各个部门之间的数据库实现共享，可以有效缓解各个部门、各个院系各行其是的状况。这些信息通过网络转化为数字形式，相比传统的上传下达的工作模式，大大加快了信息的传播速度和辐射范围，提高了工作效率，推动了数字化校园的建设。以华中师范大学为例，校园内师生分别持有不同类型的校园卡，师生可以凭借这张卡享受图书馆的各项服务，也可以在食堂、学校各大超市自主消费，还可以在学校各个教学楼、食堂的圈存机进行银行圈存、补助领取、消费明细查阅等，真正实现了"一卡走遍校园"。除此之外，学校建立了博雅论坛，学生可以在上面查阅休闲娱乐、兼职就业等各种不同板块的消息，还可以实名注册，在论坛上各抒己见，畅所欲言。

（二）信息化创新高校人才培养模式

所谓人才培养模式，是指高校根据国家人才培养目标和质量标准，为大学生设计的知识、能力和素质结构以及怎样实现这种结构的方式。传统的高校人才培

养模式强调模式化、专业化和统一化，普遍使用的还是家庭、学校、社会三位一体的育人模式。在这个模式中，家庭、学校、社会各自发挥自己的育人功能，力求每一环节都做到最好，但是三方面缺乏信息的沟通和共享，不能及时了解每个学生的不同需求，不能因材施教、量体裁衣，难以真正实现学生的全面发展。而在当前全国信息化的大趋势下，信息社会中人类智能化的创造力得到普遍运用，这对人才的思考问题方式、经济活动方式、社会实践产生了巨大的作用。高校培养人才必须与时俱进，满足社会不断变化的发展需要，必须不断提升学生的能力素养和职业素养。学生熟练地掌握和应用计算机可以根据相关专业知识对信息进行进一步的分析，果断进行思维判断，科学实践，从而从容适应现代化的信息社会。高校培养的人才不是温室里的花朵，而是能够投身于信息化的大潮中，能够在激烈的市场竞争中脱颖而出的高层次人才。现在高校的信息化发展处于依托校园网络，继续加强和完善的阶段。传统的像产品制造一样机械式的人才培养模式早已跟不上时代的潮流，必将被信息社会淘汰。我们必须抓住高校信息化建设的时机，促进人才培养模式的转变。我们应该以人才培养模式的转变进一步带动高校信息化的发展，真正做到人才培养和信息化建设两者相得益彰，协同发展。

（三）信息化促进高校工作载体创新

所谓思想教育载体，是指承载、传导的思想教育因素，能为思想教育主体所运用，且主客体可借此相互作用的一种思想教育活动形式，如班会、讨论、电视、广播、各种社会活动等。教育者正是借助这些活动载体对教育对象进行思想教育，并与其进行双边互动活动，从而达到一定的教育目的。

传统的高校工作载体主要是交谈、书信、电话、报纸、广播、电视等。但是这些载体已经不能适应信息化时代的要求，在信息化时代，互联网已经成为主要的载体，思想教育载体应与时俱进，与信息化协调一致已成为一种趋势。网络的虚拟性使学生在网上建立虚拟共同体、虚拟社区等。QQ、微信、微博、网络心理咨询等越来越成为一种大众交流的方式。将微信、微博等新形式纳入思想教育载体的范畴，是当前信息技术迅速发展的要求，也符合思想教育载体与时俱进、多元化、宽领域的要求。这些新载体的出现是对传统思想教育载体的补充和扩展。手机已经在我国相当普及，成为生活必需品，有的人甚至不止拥有一部手机，人们可以通过手机随时随地发微信、打电话，因此手机成为一种新的载体形式，突破了传统载体时间、地点的限制。学校可以提供不同的思想教育模块，学生可以采用微信免费定制这些内容，随时随地接受思想教育的熏陶。而微博也是随着信息化产生的新兴事物，它借助互联网和手机两个平台，作为思想教育新的载体，更具有针对性和实效性，其最大的优势不仅在于用户多，还在于它的闪电式传播，一条有吸引力的信息能在短时间内遍及全球。高校可以建立自己的微博账户，不仅要有最新的通知、政策，还要有学生感兴趣的时事政治、娱乐新闻等内容。高校的官方微博除要形式新颖外，还要善于开发学生感兴趣内容背后的教育价值，实现一举两得。高校网络心理咨询主要是指一些心理方面的专家或心理学院的教师开设的网络工作室，有意咨询者可以通过电子邮件向其咨询心理学的专业知识，获得心理问题方面的帮助。电子邮件比传统的信件省时省力，而且大部分是通过匿名的方式进行，使学生没有后顾之忧，更有利于及时发现和解决思想教育和学生事务管理中存在的问题。可以说，信息化极大地促进了高校工作载体的创新。

四、现行高校学生事务管理工作制度与管理手段在信息化背景下的适应性分析

高校学生管理信息技术应用制度仍需完善。目前，高校学生管理信息化还处于实践摸索阶段，发展历程较短，部分人员还不能很好地对其加以利用。任何一项工作如果没有制度的保障，其发展都不可能是一片坦途。信息技术的应用本应是提高工作效率，但由于制度的缺陷导致管理人员在信息技术应用方面参差不齐，管理人员的工作流程各不相同的现象很容易造成学生事务管理工作的混乱，也不利于学生事务管理工作的正常发展。

在高校开展学生管理信息化的过程中很容易出现多头管理等问题，再加上各个职能部门的目标互不相让，职能部门在信息化建设中"自立门户、各自为政"的现象也十分常见。这些问题使教育信息化的基础设施不能发挥应有的积极作用，造成了设备重复购买，信息资源重复建设和利用率低，信息化标准和交换标准建设进展缓慢、资源的整合与共享难度大等诸多问题。

学生管理信息化缺乏部门间的联动性，缺少有力的牵头部门。众所周知，高校学生管理信息化应是全校范围的系统化信息建设项目，并非只局限于学生处或教务处等单一的职能部门，也并不只是简单的信息录入与存储，更重要的应该是实现信息资源的优化和共享。

五、高校学生事务管理工作信息化中的软件与硬件配置需求分析

由于高校学生工作信息化建设涉及面比较宽，其不但包括办公计算机、网络服务器、多媒体、电教设备等硬件设备，也包括学生信息管理系统等专用软件，这些都需要大量的资金。而一些高校领导对学生事务管理工作信息化的必要性认识不足、重视不够，积极性不高，缺乏对高校学生管理信息化建设的必要投入。高校学生事务管理工作信息化软硬件投入不足首先表现在领导对学生管理信息化意识不强。由于高校个别领导缺乏战略性思维，没有意识到信息化在当前高校学生管理中发挥的重要作用，对信息化建设存在着可有可无的认识。即使有开展信息化的想法，但是由于主观上缺乏对信息化的全面认识，最后也因为技术、资金等问题不能开展。

高校学生事务管理工作信息化是一项巨大的、高投入的系统工程，需要一些必要的硬件设备，还需要如防火墙、入侵检测系统等一定的软件支持才能发挥作用，这一切必须有足够的资金做保障。网络建成后的维护与管理、软件的开发与研制、设备的更新与升级，也都需要大量的经费作为后盾。经费投入是高校学生管理信息化建设的前提条件。经费投入的多少从某种程度上决定了学生管理信息化建设的质量和水平。而部分高校没有建立完善的资金投入机制，缺乏信息化建设和系统运行的所需经费，最后只能是"巧妇难为无米之炊"。

第三节 教育信息化背景下高校学生事务管理机制

信息化背景下高校学生事务管理工作是一项复杂而系统的工程，其最终目的是实现高校学生事务管理信息化，让信息化成为管理创新的重要手段。高校要调动一切有利于信息化建设的积极因素，努力建设信息化校园，让高校学生共享信息化成果。因此，高校必须积极探索学生事务管理创新的基本思路，即在高校学生事务管理信息化目标的指引下，培育适应信息化的管理新理念，完善传统的学生事务管理机制，加强信息化队伍的培训，丰富学生事务管理的内容、方式和手段。与此同时，高校应积极探索创新的具体途径，实现高校学生事务管理信息化的创新发展。

一、明确信息化背景下高校学生事务管理创新的目标

信息技术对教育发展具有革命性的影响，必须予以高度重视，要充分利用优质资源和先进技术，创新运行机制和管理模式，整合现有资源，构建先进、高效、实用的数字化教育基础设施。宽带网络要覆盖校园，初步优化信息化学习环境，完善教育信息化体系，提升信息化服务质量，提高教育信息化管理水平，从而使教育信息化成为教育改革和发展的先锋。

校园信息化是教育信息化的核心。校园信息化的实现要以先进的计算机硬件设施为基础，以信息高度共享作为媒介，从而使每一个学生都能对信息处理得得心应手。高校学生事务管理信息化是信息化校园建设的重要组成部分。实现学生事务管理信息化，就是要利用先进的信息技术高度整合管理信息，优化高校学生事务管理程序，完善高校学生事务管理机制，打造科学合理的学生事务管理信息化平台，从而为师生提供高效率、高质量的管理与服务。

高校学生事务管理信息化建设包含以下几个方面的内容：信息化基础设施建设、数字化校园建设、信息化管理程序的优化建设。高校学生事务管理信息化建设必须依靠先进的信息技术，也就是要凭借相关的硬件设施和计算机软件的辅助。高校学生事务管理数字化建设是指将高校学生的信息网络化，将高校可能会用到的学生学籍信息、课程资源等与已经完备的管理信息库以相对固定的格式输入学生事务管理系统中，以便管理人员和学生查阅和调用。高校学生事务管理信息化并不是仅仅把传统的管理事务完全照搬到网络上，而是有目的地对管理机构进行调整和重组，还要对一部分烦琐的、过时的信息管理程序进行改造更新，改变传统的信息化管理理念。高校学生事务管理信息化建设只有做到这些，才可以大大提升管理效率，才能为高校师生、为社会提供更加优质的管理服务。高校可以将已经优化更新的管理程序保存下来，用于进一步升级，以节约后续的开发资源，同时也可以使学生事务管理更加规范化、系统化、科学化。学生事务管理人员运用科学的方式对管理数据进行整合、加工、处理，并保存有用的信息，剔除无关的信息，不仅能优化程序，还可以为管理层提供有益的管理经验。

二、培育适应信息化的高校学生事务管理新理念

高校学生事务管理创新的前提是理念创新,管理理念的创新不仅要形式创新,也应有内容所创新。所谓理念创新,就是一种高度凝缩的集体智慧,它以提高自主创新能力为核心,不仅注重人们外在的显性理念,更注重潜移默化的隐性理念。管理理念创新的目标是使学生事务管理者能够在信息化的大潮中及时更新个人观念,融合集体的智慧,创造出优化学生事务管理、提高学生事务管理效率的新理念。

(一)高校学生事务信息化管理的新理念

1. 柔性管理理念

柔性管理理念是时代发展的产物,只有在知识的社会地位提高的时候,人们才会更加关注人的主体发展。美国管理学家道格拉斯·麦格雷戈于1957年提出了 X-Y 理论。这个理论指出,人们趋向任务目标的目的性,拥有的内在发展潜力都是人本身所固有的,不是完全在后天形成的。管理的作用就在于为人们提供一个消除发展阻力、开发内在潜力、促进成长的平台。权变理论是20世纪后半叶由美国管理学家弗理蒙特·卡斯特与杰姆斯·罗森次韦格提出的。这个理论认为在管理过程中,管理者要机智地应对各种可能发生的情况,因时制宜,因地制宜,具体问题具体分析。而柔性管理理念是在 X-Y 理论与权变理论的前提下发展起来的一种科学优化管理理念。

高校学生柔性管理主要涉及学生管理方式、学生管理机构和治校理念三个方面。高校学生柔性管理理念,是指以学生身体和心理发展规律为基础,依靠民主的方法说服学生,使学生自觉自愿地把学校的目标内化为学生集体的自觉行动的心理意识。高校学生柔性管理理念主要体现在具体的微观方面,即在对学生的管理理念上不仅要摆脱长辈似的权力式教育,尊重学生的个性需求,而且要鼓励学生民主式参与,强化管理者的服务意识,这就需要加强学生事务管理人员的专业素质。高校学生柔性管理理念不同于传统的高校学生事务管理理念,高校学生柔性管理理念的最大特点就是管理理念的落实不是强制地灌输给学生,而是让学生在日常生活中潜移默化地体验到被尊重,而后依靠学生群体的内在心理活动,让学生积极地发挥主观能动性,逐渐从自觉意识到主动实践。高校学生柔性管理理

念来源于学生事务管理实践,又对学生事务管理实践起指导作用,还对学生无意间起到心理动员和激励作用。马斯洛理论曾指出人只有在低级需求得到满足的时候才会有高级需求自我实现的需求。柔性管理理念就是通过对学生需求的满足而不是单纯通过纪律来实现管理。在高校学生事务管理中,必须抓住柔性管理理念的比较优势,在对传统理念批判吸收的基础上,使两者形成互补,才能真正促进高校学生事务管理水平的提高。

2. 服务推荐理念

推荐系统是指一种在特定数据库中搜索指定数据,使用相关信息分析技术对数据进行处理,向用户主动提供及时、精确、科学的信息,并依据用户的反馈及时对推荐结果进行改进的应用技术。推荐系统不仅要能根据用户个性需求为用户提供及时的信息服务,而且要能积极主动地关注收集甚至提前预测用户可能感兴趣的信息,提前进行信息的收集和整理工作,切实实现为用户的个性化信息服务。服务推荐的主要特征是主动性、高效性和灵活性。主动性即推荐服务在用户没有发出信息请求的时候主动传输用户可能会用到的数据。高效性主要是指推荐系统能够有效利用网络空闲时期传送大量的数据信息。灵活性则表现在用户能够灵活地根据个人需求安排系统连接时间,自动获取网上的音频、视频等个人用户指定的信息资源。这种服务推荐技术体现在高校学生事务管理上即为服务推荐理念,即借鉴服务推荐技术的主动性、高效性、灵活性,使高校学生事务管理人员提高主动服务意识,提升到战略思想发展的高度,使每一位管理人员都拥有"让每一个学生满意"的服务理念,满足不同学生的个性化需求,把"让每一个学生满意"作为信息服务的最终目的,从而为每一个学生提供高质量的信息服务。

(二)更新信息化的高校学生事务管理理念的途径

1. 重视教育培训,学习学生事务管理新理念

高校学生事务管理信息化建设必须以学生为本,大力强化管理队伍的信息化意识。第一,通过培训强化管理人员的信息化意识。学生事务管理队伍是贯彻落实管理信息化的主体,因此管理人员应用信息技术的水平和能力直接关系整个学校管理信息化的速度。但是,管理理念的养成必须建立在对现代化信息技术熟练应用的基础上,因此要加强对管理人员的信息化技能培训,确保人人都能够基本掌握信息技术的相关知识和实践操作能力,并能够对相关的学生信息进行简单的

加工处理，如学籍信息、注册信息、学生选课信息等。更重要的是要加强管理人员的思想观念培养，让他们能够充分认识到信息技术在当代信息社会的重要性，把对信息化的认识上升到一定高度，同时要在管理中自觉树立应用信息技术的观念，培养和现代信息技术相适应的新型化管理理念，这是信息化培训的重中之重。第二，建立一支专业化的信息技术队伍，作为信息化培训的有效支撑，同时把一部分计算机专业的学生纳入信息技术管理人员的队伍，让他们利用课余时间进行信息化的兼职工作。这支队伍一方面负责信息系统的完善和维护工作，确保系统设计的科学合理；另一方面负责教育培训的后期工作，及时解答培训人员遇到的各种疑惑和问题，帮他们尽可能更快地掌握基本信息技术和现代信息的管理理论。第三，对全校人员开展信息化培训，不仅包括管理人员在内，还应包括学校领导和全校学生。要使他们能够系统了解信息系统的开发和应用原理，强化信息化管理思想和意识，增强个人信息化素养。必须提高管理人员在日常管理工作中自觉应用信息技术的能力，提升工作效率，进而促进学生事务管理体制的改革和创新。

2. 通过校园文化加大对管理新理念的宣传力度

传统的校园文化主要是通过广播、公告等方式传播。在当代信息化的冲击下，校园文化与时俱进能够促进柔性管理理念和服务推荐理念的传播。学生事务管理人员要积极主动以网络平台为教育阵地，努力开展积极向上的线上文化活动。第一，利用校园网普及范围广的优势，设立专门的形式新颖的理论研究窗口，及时对国内外重大教育时事新闻、国家重大教育政策和学校有关学生管理方面的政策进行宣传，使网络成为教育政策、教育理念宣传扩散的平台，使学生事务管理理念不只是进"校园网"，还要走进学生心里。第二，学校建立网上互动平台，要由专门的队伍负责，包括学校里各种受学生欢迎的社团，也包括一部分专业教师，通过调查研究了解当代大学生感兴趣的话题、感兴趣的活动、学习生活中可能遇到的问题，在这个平台平等地与学生互动交流，畅所欲言。学生也可以在线提出各种活动意见，以便及时加以改进。最重要的是活动要具有超前性和预测性，要真正做到推荐服务、主动服务。第三，开设专门的心理健康咨询室。网络具有隐蔽性、匿名性，学生可以通过网络听取心理专家的建议，提高心理素质，保持心理健康。

三、建立完善信息化发展要求的高校学生事务管理机制

高校学生事务管理体制包括高校学生工作管理行政体制和高校内部学生工作管理体制。其中，高校学生工作管理行政体制是指高校组织、领导高校学生工作的机构设置和权限划分。高校内部学生工作管理体制是指国家组织、领导学生工作管理的机构设置和权限划分。

（一）建立高校学生事务管理新机制

高校学生事务管理机制的信息化创新建设主要涉及两个方面：机构组织结构变化和柔性管理机构的建立。

1. 管理组织机构会从高型化的组织结构趋向扁平化的组织结构

高型化的组织机构过分重叠，权责分配不明确，人员配备不合理，工作效率低下。相反，扁平化的组织机构可以很好地避免上述问题的产生。扁平化的管理组织结构可以控制高校在学生事务管理上不必要的投资。信息化的网络平台建设可以高效、准确、及时地处理大量人工无法完成的管理任务。这种节省大量人力资源成本的效果可以把闲置的管理机构予以合并或撤销。对创新型的信息化人才，高校在网络信息化平台建设和管理策划过程中应尽可能地发挥其所能，给予其更多发挥职能的机会，这对其职业生涯的提升将起到极大的促进作用。

2. 管理组织机构从刚性管理演化为柔性管理

许多高校的管理组织机构非常庞杂，导致学生管理活动非常复杂。在急速发展的信息化时代背景下，陈旧的管理组织机构难以适应时代需求与社会发展的需要。而柔性组织结构可以顺应时代和社会的变革，适时做出管理调整。柔性组织机构建设的过程也是高校简政放权的过程和提高时代适应性的过程。这种柔性组织结构可以充分发挥机构运行的高效性和统一协调性，提高决策的成功率，促进创新型管理模式的形成。我国高校需要合理使用扁平化的管理机制与柔性结构管理模式，减少学生事务系统工作机构的烦琐冗余。可以利用节余下来的管理成本，建设高效的信息化交流平台与优质的硬件服务设施，建立直接为大众和全体学生提供服务和咨询辅导的学生事务管理服务中心，创建"一站式"服务大厅，进而简化学生事务工作流程，改变过去偏重行政管理的方法，以良好的学生事务管理工作促进学校各项事务的发展。

（二）建立高校学生事务管理新机制的途径

1. 四位一体，协同服务

协同服务是指以整体应用效果为目标，以实现一个部门或几个部门信息交换与共享而建设的信息系统建设项目。对高校学生事务管理来说，则是实现学校、学院、学生、社会四位一体协同服务。在信息化的冲击下，只有学校、学院、学生、社会四位一体，协同服务，信息共享才能满足信息化高效率的要求。只有以学生为主体，满足学生的需求，高校学生信息化管理与服务才能持续发展和良性运行。高校的信息化管理系统将逐步变成多元主体参与的"大信息服务平台"。建立学校、学院、学生参与，社会辅助的管理与服务运作机制，将快捷的网络技术融入其中，将丰富的信息应用服务和各部门的协同管理相结合，可以解决各部门各自为政、服务效率低下的问题。尊重学生是基本，学生满意是出发点，主动服务是基本模式，双向沟通是成功要因。

2. 开展电子校务建设，促进信息公开

电子校务是指改变传统的校园管理模式，在校园管理中引入信息技术和管理理念，通过搭建网络平台来实现校园管理办公自动化以及资源的共享。电子校务的含义包括以下几个方面：第一，电子校务的建设要以校园网络设施的建设、信息技术的推广、信息网络技术人员的培养为基础；第二，电子校务的建设是以推进校务管理和拓宽校园服务为目标的；第三，电子校务的建设并不是简单地将互联网技术运用到传统校务管理上，而是借助信息网络技术对校园组织结构和校务管理观念、管理方法以及业务流程进行优化重组；第四，电子校务通过信息网络平台实现了校园内资源的共享，建立了校园优化服务体系，提高了校园管理工作效率。电子校务应用信息技术，可以调动学校管理部门的积极性，对学生事务进行信息化处理。电子校务关注的重点是在高校学生事务的管理与服务中，如何实现学校、学院和学生的良性互动。开展电子校务建设，及时通过学校的校园网、校园广播等公布学校的各项通知及各项活动等，信息公开能够提高学生事务管理的工作效率和效能，促使学校事务管理部门从职能型向服务型转变。

3. 参与国际合作，借鉴有效机制

在全球信息化背景下，高校学生事务管理信息化难免受国际化的影响，信息化管理可以参与国际合作，以发达国家学生事务管理信息化为参考，吸收其有益经验，可以促进我国高校学生事务管理机制的创新与发展。如，美国与英国以横向服务与接受服务的机制为管理工具，针对学生的不同需求，成立各种不同的服务中心。美国高等教育受实用主义教育理论的影响，以注重学生的主体性、尊重个体的发展为重点。认为知识是由经验积累而生成的，与生活有密切的联系。学校是学生个人发展的重要场所，提供良好的学校资源是学生良好发展不可或缺的条件。

英国的学生事务管理方式不同于美国，它是一种以"学校、学院、学生事务管理体制"为核心的院校多线横向的机制，设立专门的学校级别的学生事务管理机构，为所有的在校学生服务，如学习中心、事务管理中心等。不同于英国和美国，德国采取社会形式服务管理机制，其管理过程集中在四个阶段：团体主义、接纳民主观念、民事与行政关系和社会全体共同参与。如，德国高校在学生事务管理过程中，学生和学校实行以民事关系为主导，辅助行政关系相结合的管理形式。这种管理形式强调了社会在学生事务管理机制中所承担的作用。德国推崇的是研究型高校，在学生事务管理方面形成了"政府主导、社会承担、高校参与"的理念，主张高校学生事务的管理应由社会专门机构而非高校承担，学校主要承担联络协调功能。我国高校可以借鉴这些国家的有效机制，针对我国高校的具体特点，实行引导、服务机制，尊重学生的主体性。

四、培养建立促进信息化发展的高校学生事务管理队伍

学生事务管理人员不仅是学生事务管理的对象和主体，还是管理创新的主体。管理创新对学生管理人员的智力、能力要求非常高，因此管理人员要创新就必须具备良好的身体和心理品质，还必须具有创新的意识和能力。最重要的是，面对信息化时代带来的严峻挑战，管理人员必须具有创新精神。

（一）建立高校学生事务管理信息化队伍

1. 高校学生事务管理队伍职业化建设

职业化是以事务处理资质为核心，以完成和提高工作效率为主要目标，依据社会需求和人的发展需求提出标准的过程。具体来说，职业化就是人们把某项工

作作为其长期或者终身从事的专门工作领域,并利用严格的资格认定机制、专业化的培养实施机制和明确标准的量化指标来衡量、规定自我以及发展自我。高校学生事务管理人员的职业化建设是指其以学生管理为终身职业,并能满足自身发展需要。美国的职业化发展水平较高,同样美国学生事务管理人员的聘任制度与晋级制度有明确的、可以量化操作的指标与管理原则。在专业能力方面,要求具有心理学、教育学、学生发展理论专业和管理实践应用等知识、能力与专业素养。入职后的学习与发展一样不容忽视,美国学生事务管理者必须接受入职后的相关量化性指标考核与培训,进行资质鉴定,只有合格者才能继续聘用。我国高校也要求管理人员必须具有高尚的职业道德和职业操守,实行严格的选聘制度。

2. 高校学生事务管理队伍专业化建设

专业化是以人的专业水平为核心,以拓展、提升从业人员的专业能力素养为目标,帮助从业人员以专业的视角适应专业岗位要求和熟悉岗位职责的过程。在秉承岗位职业化所要求的从业人员所需要的专业资格水平的基础上,学生事务管理人员要提高自我专业化水平,在资质和专业能力上取得认可。对学生事务管理的专业化需要从两个方面来认识:一是职能分工专业化,学生事务管理部门和学校其他职能部门要有职能上的分工与协作;二是建设学生事务管理者专业化的职业标准。我国高校现今已经形成了职能上专业化的管理机构和人员(专职辅导员)上专业化的管理队伍。但目前这种专业化水平仍然处于低水平的发展阶段。专业学生事务管理人员队伍的学历层次和思想水平存在差异,同时在队伍结构上年龄结构和性别结构配置不太合理,不能充分适应学生和学校的发展。要制定专业化的学生事务管理标准:一是学生事务管理在高等教育中具有相对独立的体系;二是专门化的管理机构;三是专业化的学生事务管理人员;四是职业化的工作岗位标准。要建设专业化的管理团队,培养任用具有专业眼光、专业头脑、专业思想、专业研究方向的管理者是一项重要的任务。

3. 高校学生事务管理队伍专业化建设

专家化是以管理人员的职业发展为核心,以提升业务水平,满足社会需求与社会适用性为目标,使职业化、专业型人才在专门管理岗位上进一步发展,成为具有解决复杂问题能力和专业深入化的研究能力的创新型人才。学生事务管理队伍专家化建设是指要求管理者在具备职业化水平和专业化素养的同时,在完成岗位任务的过程中具有创造性的研究理念与能力，具有激发管理人员的热情，拓展其职业发展空间，提高其职业化水平的专家型管理能力等方面的规范化引导机制。管理人员队伍专家化建设要求管理人员理论基础深厚、管理经验丰富，能熟练地解决高校中出现的各种学生问题和管理问题，在工作中努力成为集思想教育专家、管理专家、学生服务专家于一体的专家型人才。

（二）建立高校学生事务管理信息化队伍的途径

高校学生事务管理队伍是高校中负责学生教育管理的核心力量，承担着学生思想教育和学生事务管理的双重任务，培育一支能够适应信息化环境的职业化管理团队是学生工作队伍信息化的关键。培育高校学生事务管理信息化队伍应从四个方面着手。

1. 在意识上要强化管理信息化意识的重要性与紧迫性

管理人员的认知水平往往会受传统的学生事务管理方式的束缚，产生固化，对信息化的管理方式不太适应，甚至认识不到信息化管理的重要性，信息化意识较为薄弱。信息交流时代的网络传播具有即时性、互动性和开放性。这使得高校学生事务管理工作更加复杂，直接在一定程度上削弱了传统管理手段的有效性和执行力。管理人员具有创新意识是进行管理创新的必备条件和前提。创新意识和想象意识是创新的重要来源，因此要积极选拔具有创新意识的人才进入高校学生事务管理队伍。在实践的基础上，要培养和引发管理人员的创新动机。信息化的宣传和信息化舆论的形成可以促进高校学生事务管理者创新性专业意识的培养。

2. 培养具有应用信息技术能力的学生事务管理人员

创新能力的培养在学生事务管理人员的工作中格外重要，但信息化背景下创新意识的养成不可能一蹴而就。信息时代人们消耗最多的是智力与知识，这与工业社会时期的体力消耗和资源消耗大不相同。这就要求高校管理者应不断地增强自己应用先进理念的能力与创新思维能力。现代化信息技术发展为高校管理体制改革提供了强大的技术支持和发展手段，但同时也向管理者提出了新的任务与挑战。利用多种形式的培训模式，如可以听取信息化管理讲座，参加不同领域的信息化管理经验交流会、论坛、年会等，可以确保管理人员的管理理念与信息化接轨。这个过程可能存在一些困难，人员的调配与调整会有很大变化，所以在执行过程中不宜操之过急，而应当保障新旧管理体制之间稳定顺利地转换。对高校信息化管理的工作者来说，面临的新挑战主要集中在信息技术的驾驭能力方面，可以在日常的管理实践中应用信息化平台，提倡和鼓励学生参与到信息化的交流互动中，从而在实践中提升自我和团队的信息化管理水平。在高校建设的政策倾向上，应当给予信息化管理必要的支撑，使按照标准化运转的高水平专业化管理人员的管理工作得到强有力的保障。

3. 传统管理体制优势与现代化信息技术相结合

创新是以传统为基础的创新，要秉承扬弃的思想，充分吸收传统管理体制的优势，发扬信息化管理的技术性优势。传统的学生管理团队的最大优势在于拥有极高的政治理论素养，熟悉学生事务工作流程，了解特殊问题具体分析的解决机制。这种优势要求管理者继续发扬对基础理论熟悉的优势，利用个体在学生中的领导力与合理的管理方式，积极影响学生在价值观、政治立场、重大原则性问题上与党和国家的方针路线保持一致。这种传统优势是单纯依靠网络信息化所不能替代的，所以要以扎实的理论基础为引导，以信息化平台为媒介，以数字化和自动化管理为手段，提高管理效率，减少各种冗杂的程序，使信息化管理方式与传统管理理论基础相衔接，实现高校信息化的成功转型。

4. 实行校企合作，培养创新型信息化人才

制定并完善产、学、研一体的教学计划。课堂信息化教学与实践教学相结合，通过产、学、研结合，高效地建立研究型学习基地，全面提升大学生的实践能力、信息化创新能力。利用研究型学习基地进行大学生创新创业教育，提高大学生的就业能力，并为其寻找创业商机。产、学、研合作机制是培养信息化管理创新人才的制度保障。国家教育管理部门及高校要制定鼓励和支持产、学、研合作办学培养信息化管理创新人才的制度，构建大学生研究性学习、创业引导机制等实践教学创新体系。因此，高校要积极探索信息化管理创新人才的培养理论、方法和途径，培养学生研究性学习的自我教育、自我优化、共同提高的机制，进而培养学生的创新思维和创业能力。

五、丰富高校学生事务管理的内容、方式和手段

（一）增加高校学生事务信息化管理的内容

我国高校学生事务管理的内容包括日常事务管理、学生成长辅导、学生生活服务等。与我国当前信息化的国情相适应，高校学生事务管理还应包括信息化教育。

学生事务管理的内容应该随着时代的变化，针对不同的学生群体适时地做出调整和变化。高校的学生事务信息化管理内容涉及大学生的学习、生活等方方面面。丰富高校学生事务管理的内容主要从数量和质量两方面进行扩展。从内容数量上来看，不同学生对高校管理服务的不同要求制约着高校学生事务管理内容的广度和深度。高校学生事务管理内容也要与时俱进，不能故步自封。除此之外，学生认知发展有同化和顺应两种机制。随着信息化的发展，学生事务管理的内容逐渐增多同样也存在同化和顺应机制，即加强对高校学生事务管理内容的整合。如果新增的信息化内容在传统的内容框架之内，则直接把它同化入原有知识体系之内；如果新增的信息化内容自成体系，则把原有的内容做出调整之后顺应新的内容体系。通过同化和顺应不断丰富学生事务管理内容，可以为建立科学、高效、合理的学生事务信息化管理模式打下良好的基础。

（二）丰富高校学生事务管理信息化方式和手段

在信息化背景下，以信息化管理方式和手段代替传统事务管理的方式和手段是一种必然趋势。信息化管理工作的实践必须依靠有效的信息化管理手段。这就要求我们在管理手段上进行重点创新，使管理手段适应信息化时代的发展趋势与要求。

未来信息化的管理方式最大的特点在于管理组织机构的任务主要集中在信息的加工、制定、传播、服务和反馈等方面。这将与传统的组织管理模式完全不同。权威机构的管理者负责提供丰富的、有针对性的数字化信息。这种智能的定位要求管理部门必须采用先进的计算机硬件设备，同时开发符合自身特点的软件应用型系统（如基于互联网的 MIS 应用、微博、校园论坛等），通过这些系统可以实现信息化的线上线下、实时及时的信息收集、处理、协商和决策等管理服务。

这种软硬件相结合、专业化的管理与职业化的理念会使得管理内容既标准化又个性化，既有可依据的规范，又不失人本主义的服务理念。高校学生事务信息化管理者是信息的重要提供者，信息的共享与资源的充分利用是管理的关键。信息的传播范围与面向的主体都应当及时进行调整。

第六章 教育信息化背景下高校教学管理模式创新路径

第一节 高校教学管理创新的必要性

高校教学管理是一项重要又复杂的工作。近年来，随着教育体制不断改革，对高校教学管理不断创新已是必然趋势。下面以高校教学管理创新的必要性为切入点，重点对高校教学管理创新的对策做出详细探究，从而保证高校教学管理迈上一个新台阶。

建设创新型国家是我国提出的新型战略方针。如何建设创新型国家，关键在于创新型人才的培养与储备。高校作为创新型人才培养的重要阵地，对创新型人才的培养成为高校教育教学管理工作的重中之重。

一、高校教学管理创新发展的必要性认识

随着教育体制的不断改革，培养创新型人才成为高校的首要教育工作。高校教学管理的创新不仅是时代发展的需要，更是国家建设的需要。受市场经济体制的影响，高校不断发展进步，必须进行教学管理的创新工作。新时代高校教学管理创新的必要性主要包含以下三方面的内容。

（一）高等教育大众化发展的迫切需要

近年来，我国各大高校每年的招生规模都在不断扩大，我国高等教育从精英教育向大众化教育发展。正因为招生规模不断扩大，高校面积不断扩张，使原本

简单的教学管理工作变得越来越复杂。但是，对现阶段的高校教育来说，这是新时代发展的必然产物，也是社会不断进步的体现，为了使高校教育跟上时代发展步伐，必须对高校教学管理工作不断创新。受市场机制的影响，其中部分高校只追求学生数量的增长，忽视对学生质量的要求，导致其发展速度远远跟不上高等教育大众化的发展速度，最终导致其课程教育、教学等与社会发展需求相背离，培养的人才技能结构过于传统。虽然近年来大学生毕业人数不断增加，但是真正步入社会后，一些高校学生所学的专业无法和社会需求相挂钩，不仅学生的就业质量得不到保障，还造成教育资源和人力资源的浪费。

（二）高校自身发展变化的迫切需要

近年来，我国大部分高校招生力度不断加大，校区规模不断扩张，其中还有不少高校在本校区以外建立分校区，教学管理工作只能跨校区进行。如此一来，想要实现规范统一的教学管理必然有一定的困难。教学资源分散，管理难度增加，管理效率低下，此类问题的存在，成为高校教学管理创新工作中必须解决的内容。传统教学管理模式与经验已然不适用于现今的跨校区、多校区教学，高校教学管理创新发展已成为高校自身发展的必然需求。

（三）高素质、创新型人才培养的迫切需要

21世纪以来，世界各国综合国力的比拼越来越白热化，而有效提高综合国力的关键在于科技实力的提高和创新型人才的培养。高校作为培养人才的主要场所，学生的创新教育成为重中之重。高校应该改变思想，重新审视传统的教育理念，重新定位创新型人才的培养目标；要从教学管理制度入手，对专业设置、人才培养目标重新进行创新性定位，优化现有的教学管理制度，制定能够培养学生实践能力、创新精神和创业能力的教学管理制度。高校教师在教学过程中要充分考虑并尊重学生的个性差异，懂得因材施教。还要注重学生的个性化发展，培养学生的自主学习能力，并为学生自主学习创造有利的环境和氛围，采取灵活多变的教学方式，充分为学生的实践活动提供指导，从单一的课堂教学转变为教学竞赛一体化的教学模式，充分发挥学生的主体作用，把教学的主体从"教师"向"学生"转变，从而为社会培养出更多的创新型人才。

二、高校教学管理创新性对策研究

教学管理工作作为高校工作的重中之重，若要实现高校教学管理的创新就要立足全面分析问题，并从整体入手进行优化，既要坚持传统却行之有效的管理模式与经验，又不排斥学习引进先进的管理方式。笔者提出以下四点建议完善高校教学管理的创新性改革。

（一）坚持"以人为本""以学生为本"的指导思想

理念是行为的主导，正确的理念能够引导人们在正确的道路上前进。教育教学的指导思想会对教育实施者的行为产生影响，对教学内容、课程设置、教学方法、教育目的乃至师生关系产生影响。高校的教学管理创新，归根结底是教学管理理念的创新，革新教育管理理念是根本。其科学发展的核心就是"以人为本"，国家发展是这样，高校教学也是这样。在高校教育教学过程中，坚持"以人为本"就是"以学生为本"，所有教学管理工作都要秉承"一切为了学生，为了学生的一切，为了一切的学生"的管理原则，将人文关怀渗透到日常教学与管理活动中，尽可能凸显教育方法的开放性与灵活性，最大限度地保留学生的个性差异，让他们在高校中培养出强大的自主学习意识和创新创造能力，使学生成为社会发展与国家进步所需要的优秀创新型人才。

（二）教育者加强自我学习，提升整体管理能力

加强对高校教学人员的管理，不断提高管理人员的整体工作水平，主要包括以下三方面内容。

1. 思想修养的加强

高校作为文化传播的重要场所，身上肩负着培养人才、发展科学和为社会服务的重担。因此，高校教学人员首先要具备高度的责任心，用严谨、认真、负责的态度对待工作，这才是高校教学管理创新性发展的前提。

2. 掌握现代教学管理的理论知识

为了提高高校的教育管理水平与教学质量，每一位高校教学人员都应该全面掌握现代教育理论知识，尤其是教育心理学、教育管理学等方面的知识，还

要对教育教学管理制度有充分的了解，才能保证教学管理工作顺利开展。

3.高校教学人员应该具备创新能力和创新意识

为了高校更好地发展，教育不断改革，具备创新能力和创新意识是不可忽视的重要内容，只有具备这两方面的能力，才能为高校建言献策，提出新的发展方向，为高校创新性发展提供实践理论基础。只有在创新的道路上不断前进，找出适合自身的发展道路，才能使学生的个性化发展得到保证，才是不断提高学生学习积极性的基础。在如今"互联网+"的时代背景下，对高校教学人员提出了更高的技能要求，网络、电脑、智能手机等成为教学管理工作的重要工具。这就要求高校教学人员在工作中要主动学习，积极发挥创新意识，多掌握一些网络技术，这样不仅工作效率能得到保证，而且能保证各项教学工作的准确率。

（三）充分发挥"双效激励机制"

该激励制度不仅是教师积极参与教学管理的基础条件，还是激发学生主动学习的动力。

1."双效"是对教师的激励机制

高校要进一步完善针对教师所实施的各类福利政策，让教师毫无后顾之忧地投身教学工作。一方面要不断加大课时津贴、教学奖励等福利政策的实施力度，另一方面要鼓励高校教师将个人兴趣融入教学活动中，改变重科研、轻教学的倾向，做到教学与科研两手都要抓、两手同时抓，为教师努力营造出公平合理的教学管理氛围。

2."双效"是对受教者学生的激励机制

充分发挥对学生的激励机制，是提高学生学习积极性与创新性最行之有效的措施。引导学生提高自主学习能力及创新能力。高校要为学生创造出良好的学习氛围，引导学生树立正确的世界观、人生观和价值观。高校要多途径、多方面为优秀学生搭建创新平台，学生接受教育的场所不再单一地局限于课堂，通过如课程实践、实习、竞赛等多途径为学生发展提供机会。建立学生参与教学的管理制度，让学生通过校方的正规途径充分了解学校、学院在教学管理方面的创新性工作，从而更好地发挥学生的主观能动性。面对新时代的高校发展，建立"双效激励机制"已是必然趋势，支持教育者与受教者的工作与学习，让教与学在高校教学中发挥出最大的功效与潜力,从而实现教学目标的最优化。

(四)深化教学管理体制创新

为了满足新时代我国经济体制的发展需求,教育体制要适时地进行相应的改革与创新。高校主要进行宏观政策、机制上的调整,进行相应评估检查,各个学院的主要职责是对教学过程和教学质量进行监管。高校教学管理的重心要下移。高校要改变传统专业课程的设置模式,让全体教师都主动参与到教育教学改革、学生课程培养方案优化工作中,从而不仅发挥出教师各自的优势,还能节约高校教育资源。完善高校教学管理中校、院两级分级管理模式,重点强调院系教学管理的主体地位,明确其中的权利与责任。建立更加科学的学分制度,努力促进高校教育思想、教育观念、教学模式、教学内容与方法的变革。

高校教学管理创新工作是大势所趋,必须凝聚国家、高校和社会各界的力量共同完成,秉承"以人为本"的科学发展理念,努力提高自身的管理能力,充分发挥"双效激励机制",努力深化教学管理体制创新,才能为高校教学管理创新迈上新台阶奠定坚实的基础。

第二节　教育信息化背景下高校教学管理创新

高校教学管理创新发展是时代变革发展的必然趋势。高校教学管理上存在的问题主要表现在教学管理工作认识程度不够及教学管理数字化程度相对薄弱两个方面。建立"以人为本"的现代高校教学管理理念,构建高校教学管理网络信息化运行机制,开展"精细化"高校教学管理模式是高校教学管理创新发展的有效途径。

随着我国"科教兴国"战略的推进实施,高等教育事业实现深刻变革与巨大发展。适应时代发展需要,是我国高等教育改革与发展的基本目标与要求。高校教学管理工作是高校管理工作的核心内容,是高校培养高质量人才服务社会的重要保障。根据现阶段我国高等教育发展的实际情况和发展特点,国家相关教育管理部门对高校的教育管理提出了新要求,尽管我国高等教育发展过程中对教学管理做出了相应的改革，但在新形势下应对高校教育教学中面临的问题还存在部分限制因素，在一定程度上影响了教学质量的提高。改革创新教学管理模式是我国高等教育适应时代发展的现实要求。

一、高校教学管理创新发展的必要性

（一）高校教学管理创新是时代变革发展的必然趋势

步入21世纪，社会改革发展使社会政治、经济、文化及教育等方面都发生了巨大变化。高校作为为社会发展输送人才的主要阵地，根据时代变革特点打破原有的教育管理模式，提升教育质量，是高校教学管理创新发展的基本原则。当前，在高校教学管理中要深入推进信息技术与教育教学管理深度融合，这是时代变革中教学管理创新发展的必然趋势。

（二）互联网技术普及应用为高校教学管理提供新契机

随着互联网信息技术的不断发展，当前社会已经进入"信息时代"，互联网的普及已经成为社会发展的趋势并逐步应用于各领域。建设以互联网应用为基础的网络信息化管理是高校教学管理改革的重要途径。互联网技术的应用可以使管理更为精准化、人性化和集约化，高校在教学管理中运用互联网进行多种信息传播将更为技术化，在操作过程中精准程度将大幅度提高。在劳动强度方面可以极大地减少工作人员的工作量，提高日常教学管理的工作效率。高校通过互联网技术与高校管理服务体系的深度结合，利用互联网带来的公共数据资源的开放获取优势，可以形成在线"一体化"公共服务体系，将服务资源进行有效整合，实现数字化及智能化的高校教学管理服务模式。

二、数字化时代高校教学管理信息化建设的背景

随着科学技术的进步和全球经济的飞速发展，人类社会已进入一个崭新的信息革命时代，即数字化时代。21世纪对高校人才的培养也提出了更高的要求。当前，高校教学管理工作面临着新时代网络发展背景，具体体现在以下三个方面。

（一）数字化时代高校教学管理面临的新机遇和新挑战

21世纪是一个信息技术高速发展的时代，以计算机技术、网络技术以及各种新媒体手段为核心的信息技术纷纷出现，并被广泛应用于社会各领域中，成为提高人类能力的主要工具。在这样的信息化环境下，高校的教学管理工作面临着新的机遇和挑战。一方面，高校可以充分利用现代化的信息教育手段开拓教学管理工作的新局面，促进教学管理理论和方法的创新，提高教学质量，探索与发展全新的教学管理模式。另一方面，高校教学管理在运用各种现代化信息技术和教育手段的同时，也面临着科技发展所带来的各种挑战。如，各种新媒体及网络技术的购买和维修成本高，这对高校的经费投入提出更高的要求；新教学设备的维护工作对专业的技术人员提出新的要求。

（二）高校大力推行教学管理改革运动

近年来，我国高等教育事业获得快速发展，学校办学规模不断扩大，在校学生人数持续增加，入学率不断提高。我国高等教育已经逐渐由精英教育向大众教育转变，给高校教学管理工作带来了前所未有的压力和挑战，如何确保高等教育教学质量，防止教育教学质量滑坡已成为社会各界重点关注的问题。显然，高校过去的传统教学形式和管理体系已经难以适应大众化高等教育的发展。为了应对这种挑战，国内很多高校进行了以选课制、学分制、弹性学制为核心的教学管理改革运动。选课制是学生在一定的规则范围内，自主选择所修的课程。学分制与学年制相对应，以学分考核学生的学业完成情况，用规定的毕业最低总学分来衡量学生的学习量和毕业标准。弹性学制是学分制的另一种发展和表现，指学生可以根据自身的条件和特点来安排学习，其最大特点是学习时间的伸缩性、学习过程的实践性以及学习内容和学习方式的选择性。这些教学管理改革运动在一定程度上满足了高校教学管理信息化建设的需求。

（三）21世纪对创新型人才的需求

21世纪是知识经济的时代，是全球政治经济一体化、文化多元化的时代，社会、科技和经济等各方面的发展对人才的培养提出了更高的要求。创新能力越来越成为各国衡量人才的首要和关键标准，高素质的创新型人才成为推动社会各领域飞速发展最重要的推动力,能够有效地推进创新型组织及创新型国家的建设。高校要顺应21世纪教育创新发展的需要,实行高效的、操作性强的教学管理新模式,注重对学生创新能力和综合素质的培养,充分运用信息技术手段进行教学管理,提高教学管理效率,实施个性化教育,进而培养创新型人才。

三、数字化时代高校教学管理信息化建设存在的问题

在当今的数字化时代,虽然高校教学管理信息化在我国越来越受到重视,但是在资金、人员、教学管理软件以及教学评价标准等方面还存在一些问题。

(一)资金投入不足

教学管理信息化需要完备的教学设施。虽然高等教育信息化建设的重要性越来越受到各高校领导的普遍认可,但是资金投入不足仍是制约高校信息化发展的因素之一。

(二)相关技术人员队伍建设滞后

高校教学管理信息化的建设过程离不开高素质的专职技术人员的支持,主要表现在教学硬件的维护以及教学软件的研发等方面。然而,高素质的专门技术支持人才的匮乏成为我国高校教学信息化发展的又一阻碍。在实际工作中,由于受人员编制、资金投入等因素的影响,在职位设置上,各高校普遍没有专门的技术支持人员岗位,导致信息化教学设备维护的技术水平较低,教学管理系统的稳定性和安全性得不到保障;在具体教学过程中,经常出现教学设备突发故障时没有专业的技术人员及时进行维护的情况,导致正常的教学活动受到影响;在教学管理软件的研发上,许多高校由于自身技术支持人员缺乏,往往单纯依赖外部专业的程序开发人员规划和设计教学软件和系统,导致设计出来的软件和系统出现功能与实际不符或者操作不便等诸多问题。要引起关注的是,教学管理的实践证明,高等教育信息化的建设速度越快,技术支持的问题就越突出。

教学管理人员是高校教学管理工作的组织者和实施者,在具体教学活动中起着至关重要的作用,直接影响着教学任务的完成。如今信息化的教学管理环境对教学管理队伍的综合素质提出了更高的要求,信息技术素养越来越受到重视。但是,在对教学管理人员进行招聘时对其素质要求不高,录用后又忽视对他们进行

系统性的培训，加之自身传统教学观念落后，导致高校教学管理人员的信息技术素养普遍偏低，不熟悉计算机和多媒体技术的操作，不善于使用网络技术、计算机、互联网等现代信息技术手段获取、分析、反馈信息以及处理繁杂的日常事务性工作，缺乏学习和应用新技术的积极性和主动性，工作效率低，这些都制约了高校教学管理信息化建设的进一步发展。

（三）缺乏完善的教学管理软件

目前，我国很多高校学籍管理、考务管理、教材管理等信息管理软件已经在实践中得到了应用，在成绩、选课、学生基本信息管理等方面发挥了一定的作用，大大提高了高校教学管理的效率。但是，这些软件大都属于教学管理信息系统的某一局部应用，其开发时间、使用要求以及应用水平都呈现出不均衡性。这些教学管理软件大多是各个高校委托专门的技术公司研制或是自行研制开发的，缺乏信息化平台建设统筹性规划。在信息化建设过程中，忽视了教学管理信息化的核心地位，数据共享和传递困难，难以实现资源统一管理的目的。

（四）缺乏支持教学管理信息化的评价标准

随着学生对网上教学平台和电子课件利用率的提高，自助式教学在我国很多高校越来越受到热捧。然而，支持高等教育信息化教学的评价标准尚不成熟，自助式教学的效果如何检验、教师网上答疑和多媒体课件制作如何计算工作量等一系列问题不断涌现，亟须解决。众所周知，教师在教学过程中使用信息技术要花费教师更多的时间，会成倍地增加教学工作量，虽然提高了课堂效率，但很多高校的人事考核还没有对这种额外劳动进行科学的评价和物质奖励，这会大大影响教师运用信息技术进行教学的积极性和主动性。信息技术与教学的结合涉及教学模式的改变和学生学习效果的评价，这种教学评价工作的执行也需要以统一的标准为参考依据。

四、高校教学管理创新发展的有效途径

（一）建立"以人为本"的现代高校教学管理理念

"以人为本"的现代教学管理新理念的核心就是围绕教师和学生通过使用

科学的管理模式对学生及教师开展教学管理工作，与传统的管理模式相比弱化了以理性为中心的管理工作，是当前高校教学管理改革发展的必然趋势。一方面，高校管理人员通过提升自我服务意识，对学生及专业教师的个性化需求给予最大化的满足，在教学、科研及服务管理过程中做到规范管理、人性管理和民主管理，切实做到以人为本，突出人性化的教育管理理念。另一方面，重视学生的地位。学生是高校教学管理内容的重要组成部分，通过发挥学生的主观能动性可以激发学生的学习兴趣，进而提高教师的教学效果，达到人才培养的最终目的。

（二）构建高校教学管理网络信息化运行机制

"互联网+"与高校教学管理工作的紧密融合，使信息资源高度共享得以实现。高校网络信息化运行是学生及教师办理日常事务的最简化途径。应用教学管理信息化系统是高校进行网络化办公的主要方式。提高高校教师及学生对教学管理信息化系统的使用效率是构建高校教学管理网络信息化运行机制的根本目的。积极引导高校学生正确、快速地使用高校教学管理系统，减少现场办公环节，可以对提高高校教学管理工作的效率起到正面和积极的作用。在完善教学评价过程中，网络信息化提供的大数据可以及时分析教学过程中发现的各类问题，教师通过数据分析结果及时调整教学内容，最终会促进整体教学效果的提高。高校教学管理在大数据的支撑下可以从宏观向微观转变，对群体的分析与观察逐步转向个体，在具体分析学生反馈数据的基础上进行实时跟踪，以实现高校教学管理质量的显著提升。

（三）建立精细化的高校教学管理模式

精细化管理模式主要是通过细化分工实现最佳管理效果的一种职责明确化方式。在高校的教学管理中，建立精细化教学管理模式是高校教学管理创新发展的有效途径。高校的精细化管理模式主要是通过对正常运行的教学管理的各个主要环节进行合理策划、精心组织，紧扣管理中的实际情况，依据"以人为本"的主要原则加大管理力度，实现教学管理从量的改变到质的提升。一方面，通过精细化管理提升高校管理工作人员的素质。制定精细化的教学管理工作人员素质提升计划对其展开培训。利用聘请专家进行专业化讲座及参观培训的方式，对精细化管理相关实践技能进行有效学习，逐步掌握流程化的管理技巧。另一方面，要构建精细化的考核监控体系。通过精细化的管理考核体系可以激发高校管理工作者的工作热情，调动其积极性和主动性，同时在不断完善奖惩机制的过程中，激励教学管理人员不断改革创新。

第三节　慕课背景下高校教学管理创新

在高等教育信息化背景下，慕课（MOOC）对高校的教学管理提出了挑战。本节将分析慕课对高校的教育生态、教学理念、教学管理制度、科层管理模式、教学管理范式、传统的教学模式等方面的挑战。探索慕课背景下，应对这些挑战的高校教学管理创新策略：积极推进慕课本土化，优化师资队伍，更新教学理念，建立新型的教学团队，建立、完善慕课发展的规范与标准，由科层管理转向共同治理，建立"课程管理"的教学管理范式，创新混合式教学模式等。

一、慕课与高校教学管理在理论层面的关系梳理

结合国内外优质高校慕课平台的成功实际操作经验，以及学界研究者的相关研究可知，慕课与高校教学管理存在着相互影响、相互作用的关系。慕课给高校教学管理模式的改进与创新提供了新的方向与思路，与此同时高校教学管理工作的有序开展也保障了慕课在高校的可持续发展，因此，二者的有机结合势在必行。慕课的应用为高校教学管理带来的影响体现在教学目标管理、教学过程管理、教学质量管理、教师管理以及学生管理各个教学管理环节的顺势改进、变革过程当中。对比传统教学模式下我国高校教学管理与慕课模式下高校教学管理的各个环节，我们可以清楚地意识到，慕课为我国高等教育带来的不仅是教学方式的转变，还是对高校教学管理改革创新的推动力量。

（一）教学目标管理的转变

教学目标管理为高校教学管理创造了优质的条件。对传统高校教学过程而言，教学目标是教学管理工作取得成效与否的重要判断指标。

传统模式下普遍设定学生的知识习得为根本教学目标，立足于学生的知识获取量，以确保教学工作顺利开展。基于高校的教学模式，大多数教师会考核特定目标，通过严格的考试形式对教学效果进行检验，所以教学目标的评价具有极大的局限性，对推动学生全面发展和提高学生创新水平的作用不是很大。

慕课的应用使得传统教学管理模式实现了进一步创新，扩大了发展的空间，使高等教育从记忆性教育向创造性教育转型。在慕课应用中，学生在熟悉基础学科知识的基础之上，可以通过先进技术不断提高自主学习水平，教师也可以从传授专业知识的定位逐渐向教授学习方法的定位转型。

慕课的应用推动了高校教学管理模式的顺势变更，这就对新时代高校教学管理工作者提出了更为严格的要求：思维模式不断革新。与时代发展脚步相统一，提升观察的敏锐度，制定"互联网+教育"模式下全新的人才培养目标，让教师制定明确的教学目标，确保教学目标可以早日完成，此外在实施教学目标期间全面贯彻落实监督管理环节。培养和增强学生的能力。当前，高校学生的思想观念在时代不断发展的同时也产生了巨大变化，单一的课本知识已经无法满足学生的需求，学生希望通过高等教育提升自我能力。高校教学管理者对学生创新能力的培养不能仅流于形式，在日常工作中应当注重学生的创新能力与实践相结合，真正实现高校教学目标管理从知识获取转变为能力增强。然而关注学生能力增强并不代表着专业知识习得可以放在次要位置，高校教学管理人员需要积极发现有效的方式实现两方面的协调发展，促进高校学生的全面发展。慕课的应用，使高校教学目标管理由"学生的知识习得"向"学生自主学习能力提升"转变。

（二）教学过程管理的转变

教学过程管理是高校教学管理的核心环节。教学过程管理不仅包括对教师教授课程这一过程的管理，也包括对学生知识习得这一过程的管理。

在传统的教学管理过程中，通常由教师作为课堂活动的主导者，单方面对学生进行知识灌输式的教学，在此过程中，学生往往缺乏主动表达的机会，仅仅是教师教学活动中的一个部分，课堂活动的内容、主题、形式由教师主导把控。因此，在传统的教学过程管理中，对知识传授的过程较为重视，却忽视了对学生学习情况进行管理，没有给予学生独立思考的充分的空间。

慕课的应用逐步转变了传统的教学过程，将以学生为本的管理理念得以充分体现出来。教师更多的是处于咨询者地位，而且是学习动机的激发者。慕课的全面落实，可以增强师生互动的时效性，对创造性结果的产生具有很大的帮助，还对学生掌握学习内容有良好的促进作用。学生作为教学活动主要参与者的定位更加突出，凸显了以学生为本的教学管理理念。在慕课模式下，学生与教师之间的交流渠道更加畅通，教师的角色定位不再局限于传统教学模式的主导者，而逐步向学习动机的激发者、学习困惑的解决者转型，这有助于学生创造能力和自主学习能力的提升。慕课的应用，使高校教学过程管理由"以教师为中心"向"以学生为中心"转变。

（三）教学质量管理的转变

教学质量管理对保障高校教学管理起着至关重要的作用。教学质量管理在教学的各个环节进行质量控制，教学评价可以直接体现出教学质量，也可以增强教学质量管理的有效性。

我国高校在传统教学质量管理模式中，面临着一个较为明显的教学评价问题，这一问题主要体现在教学质量评价的过程、方式以及主体上。我国高校在进行教学评价的过程中对结果评价过于关注，而忽略了过程评价的重要性；从评价方式角度来看，大部分高校通过期中、期末考试成绩对学生开展结果性评价；教学评价的主体单方面是任课教师评价学生，通过这种方式评估教学质量，没有统一规范的标准，客观性和公正性有待考证。

慕课的应用，使高校教学质量管理这一环节在一定程度上从成果管理转变为全面管理。慕课模式下，教学管理相关工作者对教学质量管理环节的评价包含以下四个部分：教师对学生的学习内容进行的考核、授课教师对学生的学习情况做出的评价、学生对自身学习情况的自我评价以及课程学习者之间的互评。慕课的应用使教学质量管理的评价维度得到进一步延伸，教学质量的评价依据更加细化，更加全面，科学性有所提高。慕课的应用也使教学管理工作者意识到评教环节对提升教师监督作用以及提高教学质量的重要性。慕课的应用，使高校教学质量管理由"'重结果'的学习成果管理"向"'重过程'的全面管理"转变。

（四）教师管理的转变

教师管理是高校教学管理的关键。高校教师的素质直接影响了高校的科研能力以及教学质量，为了提升高校的科研能力和教学质量，必须对高校教师进行科学有效的管理。

在我国传统的高校教学管理模式下，对教师的管理普遍以教师个体为单位，对教师自身的道德品质、教学行为、教学质量、科研成果等进行评价。这样的个体化评价与管理方式，忽视了高校教师之间的联系与相互促进作用，使教师成了独立的存在，不利于教师间的专业化合作和学术讨论的开展。

慕课的应用对高校教师管理的影响主要表现在它的设计与开发、授课与在线交流等各个核心环节都不是单独一个教师就可以独立完成的，而是需要高素质的教师团队相互配合、紧密协作完成，因此慕课促使高校教师管理向团队化管理发展，慕课的运行模式打破了传统教师个体化独立存在的局面，促使不同领域、不同学科的教师之间有了深层次的合作，为教师之间的沟通交流提供了机会，有利于激发高校教师的团队创造力，进行思维碰撞，进而提升高校的科研能力。教师的团队化发展方向对高校现行的教师管理模式提出了新要求，必须在教师管理过程中注重教师资源的整合，引导教师个体充分发挥专业化优势。团队化的管理模式在培养高校教师间的协作精神的同时，也促进了创造力的激发与成果的创新，团队化发展是高校教师管理的未来发展趋势。慕课的应用，使高校教师管理由"个体化管理"向"团队化管理"转变。

（五）学生管理的转变

学生管理是教学管理的重点。高校教学管理服务的主要目标是学生，改善学生的品质，实现学生的全面发展，提高学生的整体素质，是高校教学管理应该达到的目标。

在传统的高校教学管理模式下，学生管理呈现出统一化的特点。统一进行高校招生、统一设定培养目标、统一的课程教材、统一的教学模式、统一的考核标准、统一的评价体系等，统一的管理模式提高了高校管理的规范性、保障各环节的有序进行，但使学生丧失了学习的自主性和选择的灵活性，进而削弱了学生对学习的积极性，使学生个性化发展未受到应有的关注，更谈不上增强其创新能力。

慕课的应用为高校学生管理模式的改变创造了前所未有的机会。慕课对学生的管理具有个性化的特点，学生可以通过开放性的在线课程平台根据自身兴趣及需要自主选择学习内容、学习方式、授课教师以及自己安排学习进度等，能充分调动学生的主动性。慕课模式使个性化学习再次得到关注，启发和推动了高校学生管理由统一化转向个性化。每个学生都是具有独立思想、独立人格的个体，高校学生管理应更加注重因人而异、因材施教，不剥夺每一个学生成才的机会。慕课的应用，使高校学生管理由"统一化管理"向"个性化管理"转变。

二、慕课背景下高校教学管理面临的挑战

慕课的出现给我国的高等教育带来了重要的机遇：慕课不仅是对教育技术的革新，更重要的是对传统的课堂教学模式的颠覆，慕课的兴起必然会带来教育体制、教育观念、教学模式、人才培养等方面的深刻变化。这些变化又会给教学管理带来一系列问题和矛盾，成为高校教学管理面临的新问题和新挑战。

（一）慕课对高校的教育生态提出了挑战

慕课的出现给现有的高等教育生态带来了冲击，高校将面临全球化竞争的压力。任何人在任何地方只要通过网络就可以在线学习，与名校名师交流，教育生态向开放性转型，高等教育的大众化、普及化是大势所趋。慕课的机会均等，促进了教育公平，也改变了高校的竞争模式，高校面临前所未有的压力。慕课使教育成本降低，给高校的管理机制也带来了挑战。慕课可以免费学习，如果要得到学分或证书，只需缴纳少量费用，相对而言，高等学校的学生学习成本要高得多，每年数千元甚至数万元的学费以及同质化的课堂教学模式已引起了高校对教育教学改革的思考。慕课打破了高校的围墙，也打破了世界范围内的国界限制，高校面临全球化的竞争。一些名校或具有优势资源的学校，通过慕课，可以提高知名度和社会影响力，在竞争中占据绝对优势，而生源和师资力量相对薄弱的应用型高校，在竞争中明显处于劣势地位。

（二）慕课对高校的教学理念提出了挑战

目前，我国高校普遍存在着重科研、轻教学的传统，评价一所高校的优劣也往往以科研指标来衡量，教师在职称评审和待遇方面也和科研直接挂钩。因此，

大部分教师将主要精力用在项目申报和发表论文上。教师对学生的学习关注不够，教学方式单一，教学效果很难得到提高。慕课作为一种全新的教学模式，对高校教师的教学计划、课程设计、教学大纲、教学内容、教学投入提出了更高的要求，对学生的主动性、积极性、参与性，对教学管理的科学性、规范性、先进性等提出了更高、更严格的要求。来自国内外名校名师的慕课，无疑会对学生有着更高的吸引力，对一些师资力量相对薄弱的一般高校和教师必将带来巨大的压力和冲击。高校教师和管理者必须改变重科研、轻教学的理念，把教学工作作为高校的中心工作，树立以学生为中心的教学理念，提高教学水平和人才培养质量。

（三）慕课对高校的教学管理制度提出了挑战

高校的教学管理制度是高等学校对教学工作进行有效管理、对师生员工的行为规范进行约束引导，从而实现高校教学目标和人才培养目标的重要保障。教学管理制度在高校中具有约束、激励和导向功能。慕课的到来，对高等学校的管理者来说，是一个新鲜事物，在慕课建设与推广过程中会出现新的问题和矛盾，传统的教学管理制度已不能适应慕课背景下的教学管理，需要相应的教学管理规章制度来实现慕课的顺利开展。如何制定慕课课程的认证标准、如何引导教师积极参与慕课建设、如何计算慕课的学分、如何共享慕课的优质资源、如何改革慕课背景下的教学管理方式、如何评价慕课的教学质量、如何调动学生的学习积极性、如何建设本土化慕课课程、如何计算慕课的教学工作量等，都对传统的教学管理制度提出了挑战。

（四）慕课对高校传统的科层管理模式提出了挑战

传统的教学管理是建立在科层制管理基础上的。科层管理强调的是程序化、系统化的方法，在严密设计的各种组织中有很多规定好的程序，通过成员执行规定的程序完成任务。科层制管理追求效率和逻辑，以自上而下的管理作为运行机制，关注的是控制而不是理解，强制的科层制导致的是从属而不是创新。科层制管理容易形成管理主义意识和控制情结。科层制的教学管理模式与慕课背景下的教学管理模式有着严重冲突，慕课突破了跨国界的校际界限，对封闭式的科层制教学管理提出了挑战。

（五）慕课对高校基于"专业"的教学管理范式提出了挑战

高校传统的教学管理范式是"专业管理"，这种管理的结果就是高校的教育资源被一个个专业分割，课程资源在同一学校甚至同一学院内不能共享。专业管理范式下，以固定的课程组成明确口径的专业，形成一种固定的批量人才培养模式，是与计划经济体制相适应的。但专业管理的范式，导致各个专业的教学资源只为本专业服务，不能有效共享，学生被限制在一个固定的专业领域，转专业非常困难，不利于培养社会需要的复合型人才。在教育信息化和慕课的背景下，大量优质的课程资源在全球范围内共享，促进了学习方式和教学方式的改革，各高校希望通过慕课平台提高自己的影响力和知名度。基于专业的教学管理范式已不能适应慕课背景下的教学管理，高校需要构建适应慕课发展的课程管理范式，进而适应复合型和多元化人才的培养需求。

（六）慕课对传统的教学模式提出了挑战

当前的教学模式反映的是工业革命时期的特点，为了提高标准化教学的效率，在生产流水线上使学生接受教育，教师在台上讲，学生在下面听。在这种传统的课堂教学模式下，所有学生接受同样的教育。其缺点在于，学生的认识、能力水平各有差异，有的学生学得快，有的学生学得慢，教师对一个概念解释多遍，有的学生还是不能掌握，有的学生情况相反，当教师在课堂上不断重复的解释一个概念时，他们会感到厌烦。慕课的到来给传统的教学模式带来了冲击，但是并不意味着慕课完全代替传统的课堂教学，慕课本身也有许多不足，只能作为传统课堂的补充。传统的课堂教学在创新思维、创新能力、批判思维、团队合作精神和意识、人文素养等方面具有慕课不可相比的优势。如何实现慕课与传统课堂教学的无缝对接对高校的教学管理提出了挑战。

三、慕课背景下高校教学管理的创新策略

（一）完善高校慕课教学管理体系建设

1. 完善高校慕课教学管理组织设计

在教育信息化的环境下，在线教育已经成为教育国际化的重要途径。高校要

从战略上重视在线教育，并将其纳入学校长远的发展规划，抓住信息技术高速发展的机遇，以慕课为契机，大力发展在线教育。借鉴国外先进的慕课经验，建立自己的慕课，推进慕课本土化。高校内部，制定相关政策，鼓励教师进行慕课建设，对教师开展培训，推动在线教育平台建设，为慕课建设提供技术支持。在本校慕课建设能力不足的情况下，可以结合学校和专业实际，引进适合自己学校人才培养目标的优质慕课。高校积极创造条件，和其他高校联盟，合作共建慕课平台，共享优质高校教育资源，建立区域性的高校联盟。建立高校慕课联盟，有利于制定统一的慕课标准和共享机制，缩小校际教育资源的差距，有助于推进教育国际化，提高教育质量。慕课教学管理模式区别于传统的高校教学管理模式，因此要实现高校慕课的良性发展，把握现阶段的发展机遇，就要完善高校慕课教学管理组织体系的设计，配备专职的研究和监管人员，从而从组织上保证慕课实践过程中高校教学监管任务的健康发展。

2.加强对在线教育的宣传与引导

在线教育的发展，使学习者打破了时空的限制，丰富了学习者获取学习资源的途径，不可否认线上教育正逐渐取代一些传统教育的作用与效果，处于由辅助性课程向主要课程的转变之中。随着社会发展，教育信息化被赋予了更加明显的、更加关键的意义，高等教育信息化发展是历史进步的方向，所以在这个时期的高校需要强化线上教育的推广，以此提高慕课等在线教学平台的接纳度。在加强对在线教育的宣传与引导方面，需要做到以下几点。

（1）学习成功案例的经验教训，增强高校教学监管人员的信息化意识。以清华大学的"学堂在线"平台和上海交大的"好大学在线"平台为例，经由极具代表性的高校获得的相关成果和未来的进步方向，让高校教学监管人员最大限度地理解线上教育的重要作用。

（2）利用高校社交平台宣传推广在线教学，提升师生对在线教育的了解和认识，并通过互动交流使管理者充分听取师生的需求，促进高校教学管理改革与创新。

（3）积极响应国家教育部门的号召，在实际工作中贯彻落实教育信息化的指导方针，在高校营造良好的教育信息化氛围，从政府的角度引导高校教学管理者进行思想变革。

3. 提高慕课教学管理团队的专业化水平

信息技术的高速发展给高校教师带来了严峻的挑战，同时也带来了难得的发展机遇。高校应加强教师队伍建设，采取各种措施，更新教学理念，对在慕课建设和教学改革中取得的优秀教学成果，可以在职称评审、岗位聘任时作为重要的依据，引导教师将更多的精力用在教学上。以教学发展为中心，对教师开展培训。一方面，聘请相关专家和技术人员就慕课平台的建设和使用开展专题培训；另一方面，鼓励教师走出去，观摩学习国内外优秀的慕课课程，深入了解慕课，亲身学习完成一门慕课课程。慕课的建设，需要优秀的教学团队合作共建，高校要加强教学团队建设，推进教师分工多元化，将教师的个体劳动向团队协作转变。在慕课背景下，教师要对自己的角色与职能进行调整，学生要成为教学活动和课堂的中心，教师不再是知识的传授者，而是个性化学习的指导者和服务者，教师的职能和角色应朝着多元化、专业化方向转变。师资结构要适应慕课的发展，教师的个体角色向"三位一体"的专业化团队角色转变，主讲教师负责慕课视频的设计制作，辅导教师负责慕课的课堂教学活动的答疑讨论，助理教师负责线上的辅导和对数据材料的收集、整理。新型的教学团队需要分工合作、各司其职，这样既能提高教学环节的专业化程度，也不会出现因工作量繁重而手忙脚乱的局面。

（二）提升高校慕课教学目标管理的地位

1. 教学目标指向能力与兴趣培养

慕课教学的目标不但是教授相关学科知识，其重点还放在增强学生的独立自主能力、团队合作能力、顺畅交流的能力以及创新思路的养成等，其教学目标的核心就是激起学生对知识的好奇心与兴趣。教学管理者要根据学生的实际情况与接受程度不断健全慕课教学目标，向着学生的学习与就业需要这一目标前进，努力开发学生需要掌握的关键技术和能力。从能力这一指标来看，慕课进行混合式学习的教学目标为最大限度地提升学习成果与效率，慕课的学习模式更加注重学生的探索学习水平、自主学习水平与合作学习能力的养成。基于兴趣指标可知，要想成为综合性的全才，仅仅具备渊博的学科知识与创新观念等是远远不够的。激发学生对学习的兴趣和爱好也是慕课的教学目标之一，高校慕课的应用为创造型人才的养成创造了良好的环境。慕课对学生的自主学习水平提出了更严苛的要求，然而部分学生的自主学习水平较低，相关观念不强。面对此种情况，必须激发出学生的学习热情，让他们对学习更加具有好奇心，才能推动学生发挥其学习的主观能动性，在主动解决问题与团队协作过程中了解学习的作用和重要性。

2. 充分发挥教学目标的功能

教学目标具备导向作用。如果学生对慕课学习有了明确的目标，那么就会将其注意力集中在与这个学习目标有关的教学活动上，教师和学生有了共同的前进方向，能够保证教学与学习具备鲜明的前进方向，使学习不再漫无目的。明确的教学目标能够指引学生围绕慕课形成精准的学习动机，从而帮助学生强化学习的主观能动性，创设迎合自身需要的学习手段和学术环境。教学目标具备鼓励作用。鼓励学生学习的要素之一就是教学目标，经由给学生理性细致地描述教学目标，让学生对教学目标形成明确的认知，加深其对教学目标的掌握程度，从而使学生对即将学习的内容有所期待则是教学目标激励功能的体现。明确的教学目标可以调动学生学习的积极性，使学生自主参与到学习过程当中，有利于学习效果达到预期值。

高校教学管理者和授课教师要在慕课学习过程中使学生对教学目标有明确、清晰且全面的认识和了解，特别是加深学生对自身水平的提升和兴趣的养成方面的掌握，最大限度地利用教学目标的指引与鼓励作用。教学目标不但能够激发学生的学习兴趣，引导学生的学习过程，其在高校一线教师和高校教学管理人员身上也能起到一样的作用。除了这些，教学目标还能够给教学项目与手段、课程开展与教学评估创造理论依据。高校教学管理者要充分发挥教学目标的功能，制定合理的慕课教学目标，促进高校慕课教学效果的提升。

3. 鼓励学生参与高校慕课教学目标管理

高校教学管理者应该发挥学生参与教学目标管理的主体性，鼓励学生参与慕课教学目标管理，激励学生主动了解相关政策，让学生参与创设与改进大学慕课教学目标的流程。高校从已进行过慕课学习、对慕课模式有一定认识的学生里选拔出不同学院和年级的学生来作为代表，针对教学目标的创设提出建设性意见，传达出广大学生的心声。学生代表还能够从学生的角度，围绕慕课的现实作用和慕课的教学目标间的不同之处进行反馈，和教学监管人员一起讨论无法完全实现慕课教学目标的缘由，以及如何完善。给学生参加慕课教学目标创建机会，有利于加深学生对慕课教学目标的理解和认识，树立正确的学习动机，提升慕课的教学效果。针对学生的反馈迅速做出反应，可以更好地推动高校慕课教学目标监管任务的健康发展。

（三）加强高校慕课课程建设的统筹管理

1. 增加高校慕课课程的适用性和多样性

高校教学管理人员要在充分了解学生对慕课课程的现实需要的前提下，健全高校的慕课课程建设，提高其普适性与丰富性，增设满足学生需要和有助于学生能力培养的慕课课程。由于慕课的混合式学习模式并不适合所有高校在校学生，也不适合于所有课程，因此在课程设置的过程中一定要做到充分考虑不同学生、不同课程各自的特性，真正将慕课课程设计和建设实施的权利赋予授课教师和学生，充分体现学生在高校教学管理活动中的主体地位，让学生参与到课程设计当中，让他们能够行使自己的选择权和参与权。最大限度地思考学生的学习情况和前途，提供具有高适用性、多样性的慕课课程给学生，满足学生发展的需要，进而提升学生的综合能力和素质。

2. 加大对慕课平台的监管力度

高校教学管理者根据高校慕课的实际发展建设情况制定慕课平台基本要求规范，保证将在线课程的质量放在首要位置上。降低学生操作的烦琐性与复杂性，搭建统一的校级慕课平台，整合与规范适用于本校学生的在线教学资源。要完善慕课课程评价指标以及落实具体的评价办法。组织校内外专家对高校慕课课程进行评价与审核，建立对慕课平台的动态评价机制、合理的退出机制，随时把控，及时监管，对内容未达到相对应的质量标准、内容更新不及时缺乏新意、内容与教学目标不一致的课程实行下线整改或停开，教学管理人员对慕课课程的整体运行过程进行动态监督，以促进高校慕课平台课程质量的提升。

3. 试点翻转课堂，创新混合式教学模式

慕课对传统的教学模式影响很大，但是也不能解决所有问题，更不能完全取代课堂教学，将线上教育与线下教育相结合的混合式教学模式成为各大高校的探索方向。混合式教学模式就是将传统的课堂教学的优势和数字化教学的优势结合起来，这样既能发挥教师的启发、引导教学过程的主导作用，也能体现学生作为学习主体的主动性、积极性。混合式教学模式下,学生自己安排学习进度,自己决定学习的深度和内容,遇到疑问可以通过线上向教师或者其他学习者求助,也可以通过课堂教学直接向教师求助。教师从重复性的讲课中解放出来,可有更多的时间和学生沟通、交流和互动。而学生从被动接受向主动学习转变,授课模式从传授式学习向探究式学习转变。

翻转课堂是混合式教学模式的主流形式,是把传统的教学模式"课堂教师讲课,课后学生作业"翻转为"课前学生自主学习,课堂教师答疑解惑"。具体的教学流程就是学生在家里通过观看视频自主学习,查找资料完成练习,发现疑难问题;课堂上学生提出疑难问题,教师组织交流讨论,解决问题。翻转课堂聚焦于每一个需要帮助的学生,让能力各异的学生变得更加优秀,使真正的差异化教学成为可能。学生在观看视频时可以随时暂停,直到学会,不用再为跟不上教学进度而焦虑。翻转课堂使师生之间、学生之间的交流增加了,有助于营造积极互动的学习氛围。

(四)健全高校慕课教师评价考核制度

1. 转变重科研轻教学的考评倾向

标准化与规范化是慕课在高校顺利开展的基础与保障,高校教学管理部门要组织专家,尽快制定慕课环境下的教学管理制度,建立和完善慕课课程教学标准、课程运行标准、学分认证标准、工作量计算标准、教学评价标准、网络技术标准等。在慕课课程建设方面,不仅要重视慕课课程规模,更要重视质量建设,制定严格的课程认证标准,达到标准才能上线。对上线的课程,要定期评估,对教学评价低、学生完成率低的课程要下线停开。制定适当的激励制度,一方面,激励教师积极投入到慕课建设中;另一方面,引导学生适应慕课的教学方式,调动学生学习的积极性,制定学习效果评价标准和学生诚信奖惩制度。通过大数据分析学生的学习过程和学习成绩,提出有针对性的解决方案。可以尝试与学生签订诚信保证书,使学生承诺不在学习与考试中作弊,对诚实守信的学生给予褒奖,对违反诚信制度的学生给予开除学籍等严重处罚。在学分认证和学籍管理方面,高校要创新管理制度。学生通过网络选课,高校之间互认学分,可以拿到外校的第二专业学位证书。这种学分互认的制度打破了高校之间的围墙,使优质教育资源共享,加速了高校的学分制以及学位、学籍管理制度改革。为了提升教师的综合能力和创新意识，高校教师考核评价制度亟待完善与改进，落实由单一性考评转变成多元化考评，改变当前的高校重视科研成果，忽略教学表现的教师评估标准。要想推动高校教师教学的创新进步，就一定要健全教师考察评估体系。很长时间以来，我国大部分高校基本保持着以统一评价标准对教师进行评估考核，缺乏合理的分类评价机制，重视教师的科研成绩的同时，往往轻视了对教师教学成绩的认证与评价。评价体系的不健全，导致了部分高校科研功利化现象的出现。高校教学管理部门应在教学管理活动中克服"重科研，轻教学"的倾向，完善高校教师的综合评价考核体系。

在慕课广泛应用的背景下，一方面，高校在教师职称评定、教育资源分配等事宜上，应凸显教学的核心作用，关注传统教学和慕课方式下的线上教学行为，把教学表现当成考察评估指标，而不是单纯地以科研成果为重点的考核标准，激发教师的教学热情。另一方面，考核评价标准与时俱进、因人而异，推行精细化分类管理模式：对全身心投入一线教学的教师，对其科研成果不强制规定；对擅长科研的教师，减少其课时安排，给予其充分时间潜心科研。这种精细化分类的管理模式针对性更强，充分考虑了高校教师工作的复杂性、创新性以及个体差异性，对进一步健全多样化、个性化的教师考核评价标准具有一定的参考价值。目前，国内已有多所高校开展了管理制度的相关改良与革新，将科研岗与教学岗的教师分别管理，这样的模式也为我国高校教学管理工作的继续发展提供了新的方向。

2. 实行科学合理的团队考核评价

在实地调研中笔者发现，在慕课应用背景下，高校教学管理者对慕课教学团队的评价仍然采用着"一刀切"的方式，慕课教学团队中各教师职责分工不尽相同，笼统的、单一的评价方式削弱了部分教师对在线教学的积极性，影响了教学团队的良性运作与发展。针对评价考核方式不合理的问题，科学合理的团队考核评价方式的制定与实行显得尤为重要，高校教学管理人员可以从以下几个方面出发。

（1）对团队成员分类评价

慕课主讲教师以课时作为量化标准实施考核评价，以慕课课堂教学效果为评价依据，以学生评教结果作为重要考量依据，教学内容的新颖程度、与学生的互动交流活跃度都可以作为重要的考核评价标准。慕课课程制作教师从技术层面出发以课程的规范度和质量等作为参考；助理教师以辅助课时量以及对应的主讲教师、学生的评价为参考依据。

（2）评价过程和评价结果并重

在慕课应用中应更注重对教师教学过程的评价，对慕课课程的实施过程跟踪管理，以结果评价为辅，提升考核评价的科学性。

（3）将团队行为考评纳入考核评价标准

慕课的教学结果是慕课教学团队的共同成果，能够量化的数量、质量以及团队成员所做的贡献相对比较容易进行考核。但是对慕课教学团队成员团队行为的考评却缺乏量化标准，将成绩考评与行为考评有机结合，把团队行为考核评价纳入考评标准，对团队进行更加全面客观的考核评价，有助于建立更加客观的教师评价考核制度与体系。

3.建立有效的教师教学激励机制

建立有效的教师教学激励机制，充分调动高校教师的主动性、积极性以及创造性。慕课教师团队考核与管理应明确到每一位团队成员，在建立完善的评价体系的基础上，也应建立相应的针对团队和成员的激励机制，不能仅停留在物质层面，精神层面也要有所涉及，从而更大程度地激发慕课团队成员的积极性与主动性。

（五）创新高校慕课个性化学生学习管理制度

1.探索学生学习评价新标准

慕课应用中的学生评价，应摒弃传统的以单一考试和固定分数为标准的评价体系，从学生的综合素质、创新思维、实践能力等方面多角度考核评价。在探索学生学习管理评价新标准的过程中，应该做到以下几点。

（1）实现多元化评价方式

在慕课的学习过程中，教师除了通过考试成绩对学生进行评价外，还可以将课堂互动情况、练习作业完成情况等按一定比例纳入学生的学习评价范围，将过程性评价与总结性评价相结合，增强学生评价的科学性。

（2）实现多元化评价内容

从单一成绩评价向全面综合素质评价转变，充分考虑学生的自身特性，发现学生的闪光点，真正落实由单一的考试成绩变为非形式化的综合素质考核。

（3）实现多元化评价主体

传统模式下学生被动接受评价，缺失了自主评价的权利。慕课的应用使得评价方式逐步转向参与互动评价、自评与他评相结合的评价。对某一学生个体的评价，可以由任课教师、课程内其他学生、学生自身等多元主体进行评价，传统模式下的被评价者也成了评价主体中的一员，有利于在平等、民主的互动中关注自身发展的需要，推动学生独立进步。

2. 拓宽学生反馈信息的渠道

健全学生学习管理制度是学生学习质量管理的保障，可以更好地推动学生综合素质的提高以及高校教学管理的完成。在完善学生监管体系时，必须尽可能地听取学生的声音，强化监管体系的创新力与包容性，更好地促进体系的民主和科学作用的发挥。拓宽学生反馈信息的渠道，能够最大化地了解学生的感受与需求，切实完成高校教学管理以人为本的目标。在拓宽学生反馈信息的渠道过程中，应该做到以下几点。

（1）充分利用反馈时段

在整个慕课课程阶段经由师生的反馈，掌握学生线上课程的学习成果和相关感受，注重学生的实际需要，切实记下有价值的意见和建议，指引的学生将来学习管理工作的发展目标。

（2）借助高校新媒体辅助搜集反馈信息

利用高校的官方网站、微博和微信等在线方式推送慕课相关问卷，了解学生在慕课在线课程学习过程中的真实需求。教学管理工作者需要提升自身对数据收集和研究应对的水平决定与操作水平，经由相关数据资料，找出更深入的矛盾，力求改善学生学习管理效果。

（3）高校教学管理者与学生平等交流

在日常教学管理过程中，需要暂时忽略教师和学生之间的地位差距，切实融入学生的日常学习生活里，用更加直接的方式来和学生进行换位思考，探索当前出现的矛盾，尽可能地坚持人本思想。高校教学管理的根本服务目标就是学生，树立正确的服务观念、贯彻落实以人为本原则，了解学生群体的真实诉求，使教学质量稳步提升才是高校教学管理工作的正确方向。

3. 完善高校间学分互认制度

随着教育全球化、在线教育的飞速发展和高校学分体系改革的深化，实现学分互认变得尤为关键。慕课的出现为高校学分互认的发展提供了新的机遇，但此项工作不是一朝一夕就能完成的。目前高校的学分互认体制机制还不够成熟，实际管理难度较大，笔者建议从以下两个方面加强制度建设：

（1）创建高校学分认定委员会

领导进行慕课课程的学分认定，为学生和教师提供咨询服务，协调各高校间的学分认证与转换工作。各高校也应设立相应的对接部门，依据实际情况有效开展学分互认工作和转换工作。

（2）制定系统化学分互认标准

创建慕课等线上公开课程教学质量认定指标，将通过高校认定的在线课程纳入人才培养方案，并制定在线课程的教学效果评价办法和学生修读在线课程的学分认定办法。在保证教学质量的前提下，学校开展在线学习、在线学习与课堂教学相结合等多种方式的学分认定、学分转换和学习过程认定工作。为实现各种类型的学分互认，相关教育部门需要研制统一的学分互认标准。

第七章　信息安全与风险管理

第一节　教育信息安全框架

一、信息安全框架的设计与实施

随着信息技术的迅速发展，信息安全问题日益突显，各种网络攻击和数据泄露事件频繁发生。建立一个稳健的信息安全框架成为组织确保数据和系统安全的关键措施。本节将深入探讨信息安全框架的设计与实施，包括框架的构建原理、核心组件、实施步骤以及框架应对未来挑战的策略。

（一）信息安全框架的构建原理

1. 风险管理

信息安全框架的构建应以风险管理为基础。通过对组织内外的潜在威胁和漏洞进行全面评估，确定风险的来源和影响，为制定合理的安全政策和措施提供依据。

2. 合规性要求

合规性要求是信息安全框架的另一重要原理。不同行业和地区都有各自的法规和标准，组织需要确保其信息安全框架符合相关合规性要求，以防范法律责任和罚款。

3. 持续改进

信息安全框架的构建需要具备持续改进的机制。随着威胁环境的不断演变和技术的日新月异，框架应具备适应性，能够及时调整和优化安全策略，保持对新兴威胁的有效防范。

（二）信息安全框架的核心组件

1. 安全政策和流程

安全政策和流程是信息安全框架的基石。它们规范了组织内部的安全标准、操作规程和员工行为，可以确保信息安全工作得以有序实施。

2. 访问控制和身份认证

访问控制和身份认证是信息安全的首要防线。通过有效的访问控制和身份认证机制，组织可以限制用户对敏感数据和系统的访问，防止未经授权的信息泄露和篡改。

3. 网络安全

网络安全是信息安全框架中不可忽视的组件。包括防火墙、入侵检测系统（IDS）、虚拟专用网络（VPN）等技术和工具，以保障网络传输中的数据安全。

4. 数据保护和加密

数据保护和加密是信息安全的重要手段。通过对敏感数据的加密，即使在数据传输或存储中被窃取，也难以解密，提高了信息的保密性。

5. 安全培训与意识提升

人为因素是信息安全中最薄弱的一环。通过向员工传授安全知识和技能，帮助他们识别潜在风险，是信息安全框架的关键组成。

（三）信息安全框架的实施步骤

1. 需求分析

在信息安全框架实施之前，组织需要进行全面的需求分析。明确组织的安全目标、合规性要求、业务特点和风险状况，以便为后续的框架设计提供指导。

2. 制定安全政策

基于需求分析的结果，制定组织的安全政策，包括访问控制、数据保护、网络安全等方面的规定。确保安全政策与组织的业务流程相适应。

3. 选择合适的技术和工具

根据安全政策的制定，选择适用于组织的安全技术和工具。这可能包括防火墙、入侵检测系统、加密软件等。确保这些技术和工具能够协同工作，形成一个整体的安全体系。

4. 实施访问控制和身份认证

在信息安全框架的实施中，访问控制和身份认证是首要的任务。建立严格的身份认证机制，确保只有经过授权的用户才能访问敏感信息。

5. 进行培训和意识提升

组织全员安全培训，提高员工对信息安全的认识和敏感性。建立定期的安全意识提升计划，确保员工始终保持对信息安全的高度警惕。

6. 监控与改进

建立监控机制，对信息系统进行实时监测，及时发现异常行为和潜在威胁。通过监控系统日志、安全事件和网络流量，实现对安全状态的全面掌控。建立改进机制，对发现的安全问题进行分析和改进，确保信息安全框架持续适应新的威胁和挑战。

7. 定期演练与应急响应

定期组织信息安全演练，模拟各种安全事件和攻击场景，让安全团队和员工熟悉应对程序和流程。建立完善的应急响应计划，确保在发生安全事件时能够迅速、有序地做出应对，减小损失。

8. 审计与合规性检查

建立信息安全审计机制，对系统和数据进行定期审计，确保安全策略的有效执行。进行合规性检查，验证信息安全框架是否符合法规和标准的要求，及时纠正不符合的地方。

（四）信息安全框架的未来发展趋势

1. 人工智能在安全中的应用

未来信息安全框架将更加注重引入人工智能技术。通过机器学习和智能分析，能够更快速、准确地识别潜在威胁，提高对未知攻击的应对能力。

2. 区块链技术的整合

区块链技术的去中心化和不可篡改特性，使其成为信息安全的理想选择。未来的信息安全框架可能会整合区块链技术，用于加强身份认证、保护数据完整性等方面。

3. 边缘安全的重要性

随着边缘计算的兴起，信息安全框架需要更多关注边缘设备和边缘网络的安全。建立边缘安全策略，可以确保边缘计算环境的信息安全。

4. 量子安全的挑战

随着量子计算技术的发展，传统的加密算法可能面临破解的风险。未来的信息安全框架需要关注量子安全技术的研发和应用，以确保信息的长期保密性。

5. 云安全的全面防护

随着云计算的广泛应用，信息安全框架需要全面考虑云环境下的安全问题。加强对云服务的监控、访问控制和数据加密，提高云安全的整体水平。

信息安全框架的设计与实施是组织确保信息系统和数据安全的基础性工作。通过风险管理、合规性要求、持续改进等原则，构建一个完善的信息安全框架可以有效应对不断演变的威胁和挑战。核心组件包括安全政策和流程、访问控制与身份认证、网络安全、数据保护与加密以及安全培训与意识提升等。实施步骤包括需求分析、安全政策制定、技术和工具选择、访问控制与身份认证、培训与意识提升、监控与改进、演练与应急响应以及审计与合规性检查。未来，信息安全框架将面临更复杂的威胁和技术挑战，这就需要不断创新和升级，引入人工智能、区块链等新技术，以全面提升信息安全的水平。

二、数据在安全框架中的角色

在当今数字化时代，数据被认为是组织最宝贵的资产之一。然而，随之而来的是对数据安全的日益严峻的挑战。构建一个完备的安全框架，使其涵盖数据的安全性、完整性和可用性，变得至关重要。下面将深入探讨数据在安全框架中的角色，包括数据的安全威胁、保护机制、隐私保护以及数据治理等方面的重要议题。

（一）数据的安全威胁

1. 数据泄露

数据泄露是一种常见的威胁，可能造成敏感信息、商业机密或个人身份被未经授权的访问。攻击者可能通过网络入侵、恶意内部行为或物理设备失窃等方式获取机密数据。

2. 数据篡改

数据篡改是指攻击者修改存储在数据库或文件系统中的数据，以便达到其欺骗、破坏或窃取信息的目的。这种攻击可能导致误导决策、损害组织声誉或滥用数据。

3. 数据丢失

数据丢失可能由于硬件故障、自然灾害、人为失误或恶意行为而发生。无论何种原因，数据丢失都可能对组织的正常运作和业务连续性产生负面影响。

4. 拒绝服务攻击

拒绝服务攻击旨在通过超载系统资源或使服务不可用，从而阻止合法用户访问系统或服务。这种攻击可能导致数据不可用，影响业务运营。

（二）数据的保护机制

1. 加密技术

加密技术通过对数据进行加密和解密，以确保即使在数据被盗取的情况下，攻击者也无法理解或使用这些数据。加密可以应用于数据传输、存储和处理的各个环节。

2. 访问控制

访问控制是一种基于权限的安全机制，通过设定用户对数据的访问权限，限制只有授权用户才能够获取敏感数据。这包括身份认证和授权管理。

3. 数据备份和恢复

定期的数据备份是防范数据丢失的关键。通过备份数据，组织可以在发生数据灾难时进行迅速恢复，确保业务的连续性。

4. 安全审计与监测

安全审计和监测是持续监视数据访问和操作的关键手段。通过记录和分析安全事件,可以及时发现潜在的威胁,并采取措施进行处理。

(三) 数据隐私保护

1. 隐私保护法规和政策

组织应遵守相关的隐私保护法规和政策,明确规定对个人数据的合法收集、使用和共享的规范。这包括通用数据保护法规(如 GDPR)、行业特定的法规等。

2. 数据脱敏和匿名化

为了最小化对用户隐私的侵犯,组织可以采用数据脱敏和匿名化技术。通过去除或替代敏感信息,使数据无法被还原为原始的个人身份。

3. 用户教育和透明度

提高用户对数据隐私的意识是保护数据隐私的重要环节。组织应该通过教育和透明的数据使用政策来帮助用户了解他们的数据如何被收集和使用。

(四) 数据治理

1. 数据质量管理

数据质量管理是确保数据准确性、一致性和完整性的关键过程。通过实施数据质量管理,组织可以降低错误和不准确数据对业务决策的负面影响。

2. 数据分类和标记

通过对数据进行分类和标记,组织可以更好地识别和管理不同敏感级别的数据。这有助于更有针对性地应用安全控制和保护措施。

3. 生命周期管理

数据的完整生命周期包括创建、使用、存储和销毁阶段。通过有效的数据生命周期管理,组织可以规范数据的使用和处理,降低数据被滥用或处理不当的风险。

4. 数据所有权和责任

明确数据所有权和责任是数据治理的重要组成部分。确定数据的所有者,并为数据的合法使用和保护分配明确的责任。这有助于建立清晰的数据管理体系。

5. 合规性与风险管理

将数据治理与合规性和风险管理相结合，确保数据的处理和管理符合相关法规和政策，并能够有效识别和降低潜在的数据安全风险。

（五）未来发展趋势

1. 数据智能分析

未来，数据智能分析将成为数据安全框架的重要组成部分。通过利用人工智能和机器学习技术，可以实现对大规模数据的实时监测和分析，识别异常行为并迅速做出响应。

2. 区块链技术应用

区块链技术的去中心化和不可篡改性使其成为安全数据存储和交换的理想选择。未来，组织可能会更广泛地应用区块链技术来确保数据的安全性和透明性。

3. 边缘计算安全

随着边缘计算的兴起，数据越来越多地在边缘设备上产生和处理。未来的数据安全框架需要更加关注边缘计算环境，以确保边缘设备和边缘网络的安全性。

4. 隐私计算

隐私计算是一种在不暴露原始数据的前提下进行计算和分析的方法。未来，隐私计算技术可能会得到更广泛的应用，以平衡数据分析和隐私保护之间的关系。

5. 量子安全通信

随着量子计算技术的发展，传统加密算法可能面临破解的威胁。未来的数据安全框架需要考虑引入量子安全通信技术，以迎接未来量子计算的挑战。

数据在安全框架中扮演着关键的角色，既是组织宝贵的资产，也是面临多种安全威胁的脆弱点。有效的安全框架需要综合考虑数据的保护机制、隐私保护、数据治理等方面。随着技术的不断发展，未来的数据安全框架将更加注重数据智能分析、区块链技术、边缘计算安全、隐私计算和量子安全通信等新兴技术的应用。建立强大的数据安全框架，不仅可以有效防范当前的数据安全威胁，也能够迎接未来数字化时代的挑战。

第二节 数据合规性

在数字化时代，数据被视为企业和组织最重要的资产之一。然而，随着个人隐私和数据保护的重要性日益凸显，数据采集必须遵循一系列的法规和政策，以确保合规性和保护用户隐私。下面将深入探讨合规性管理与数据采集的关系，涵盖合规性的概念、法规对数据采集的影响、合规性管理的重要性，以及实施合规性管理的最佳实践。

一、合规性概念与框架

（一）合规性的定义

合规性是指组织或企业在运营过程中遵循适用法律法规、行业标准和内部规定的程度。在数据领域，合规性涉及合法、透明、公正、安全地收集、处理和存储数据等，以确保符合法规要求。

（二）合规性框架

在数据领域，合规性框架通常包括以下几个方面。

1. 法规合规性

法规合规性是指组织或企业需要遵循相关的法规和政策，以确保数据的合法性和合规性。在不同的国家和地区，相关的法规包括《个人信息保护法》《网络安全法》等。

2. 行业标准合规性

行业标准合规性是指组织需要符合特定行业领域内的标准和规范，以确保数据处理符合行业的最佳实践。这有助于建立业界公认的数据管理标准。

3. 内部规定合规性

内部规定合规性是指组织自身设定的规章制度和政策，以确保员工在数据处理过程中遵循内部规范。这包括数据使用政策、访问控制措施等。

（三）合规性与数据采集的关系

数据采集是获取、收集和记录信息的过程，而合规性是确保这一过程在法律和道德框架内进行的保障。在数据采集中，合规性涉及以下关键方面。

1. 合法性

数据采集必须遵循适用法律法规，确保数据的合法性。未经授权或违反法规的数据采集可能导致相应的法律责任。

2. 透明度

合规性要求数据采集过程应对数据主体透明。个体应清楚地知道其数据将被收集、处理的目的，以及可能的后续用途。

3. 安全性

数据采集必须在安全的环境中进行，以防止未经授权的访问、泄露或滥用。合规性要求对数据进行适当的安全措施和保护。

二、法规对数据采集的影响

（一）个人信息保护法

个人信息保护法对个人信息的采集、处理、使用提出了明确的要求。法规规定了明示目的、事先同意、最小必要原则，对个人信息的敏感性数据提出了更严格的保护要求。

（二）网络安全法

网络安全法要求网络运营者在个人信息的采集和处理中遵循合法、正当、必要的原则。法规要求网络运营者在收集个人信息时，应当向信息主体明示自己采集目的、方式和范围，并取得明示同意。法规还对个人信息的安全保护、跨境传输等方面提出了具体要求。

（三）数据安全法

数据安全法对数据的分类和分级保护提出了明确要求，对不同级别的数据处理活动规定了相应的安全措施。法规强调对关键数据和重要数据的严格保护，包括进行安全评估、经过批准的跨境传输等。

（四）法规对数据采集的影响

1. 数据采集目的的限制

法规要求在数据采集过程中，必须明示采集的目的，并且仅限于达到特定、合法的目的。这要求企业在进行数据采集时需要更为谨慎，以确保不超过法规规定的范围。

2. 事先明示同意原则

法规强调事先明示同意原则，要求在进行数据采集前，必须征得信息主体的同意。这要求个体在数据被采集之前有权知晓并决定是否同意，增加了数据采集的透明性和合法性。

3. 安全保障要求

法规对数据的安全保障提出了具体要求，要求数据处理者必须采取必要的技术和组织措施，以确保个人信息的安全性。这对企业而言增加了数据处理的成本，但也提高了数据安全水平。

4. 跨境传输的审批要求

部分法规要求对涉及关键数据和重要数据的跨境传输进行审批。这意味着企业在进行跨境数据传输时需要经过相应程序，以确保符合法规的要求。

三、合规性管理的重要性

（一）保护个体隐私权益

合规性管理的核心目标之一是保护个体的隐私权益。通过合规性管理，可以确保数据采集和处理过程中不侵犯个体的隐私，合法、透明地处理个人信息。

（二）避免法律风险

合规性管理有助于企业规避法律风险。在法规规定的框架内进行数据采集，可以减少因违法违规行为而面临的法律责任和罚款。

（三）提升品牌信誉

合规性管理对企业的品牌信誉至关重要。遵循合规性标准和法规，可以展现出企业的责任感和透明度，提升在用户和社会中的信任度。

（四）减少数据泄露风险

合规性管理有助于降低数据泄露的风险。通过实施安全措施、进行合规性审查，企业能够有效防范数据泄露事件，保护敏感信息的安全。

（五）满足国际合作要求

随着数据跨境传输的增多，国际合作变得更为重要。合规性管理有助于企业适应不同国家和地区的法规要求，从而促进国际数据合作。

四、实施合规性管理的最佳实践

（一）制定明确的数据使用政策

企业应制定明确的数据使用政策，其中包括数据采集的目的、方式、范围等。这有助于明示给用户，确保数据采集在合法、透明的基础上进行。

（二）进行合规性培训

为员工提供合规性培训是确保数据采集符合法规要求的关键步骤。员工需要了解合规性的重要性，掌握合规性要求，并在实际工作中贯彻合规性原则。

（三）实施数据安全措施

加强数据安全措施是防范数据泄露风险的重要手段，包括数据加密、访问控制、网络安全等方面的措施，以确保数据在采集、存储、传输过程中的安全性。

（四）定期进行合规性审查

定期进行合规性审查有助于确保企业的数据处理活动符合法规的要求。审查过程中可以发现潜在的合规性问题，可以及时进行整改和改进。

（五）响应用户请求和投诉

建立有效的用户请求和投诉响应机制是维护用户权益的重要步骤。企业需要及时响应用户的数据访问请求，处理用户的投诉，并向用户提供途径以表达隐私关怀。

第三节 网络安全与防范措施

一、网络安全策略与技术应用

在数字化时代，网络安全成为企业和组织不可忽视的重要议题。随着信息技术的飞速发展，网络攻击的威胁也在不断演变。建立全面的网络安全策略，并采用先进的技术应用，是确保组织信息资产安全的关键步骤。下面将深入探讨网络安全策略的制定与实施，以及一些常用的网络安全技术应用。

（一）网络安全策略的制定与实施

1. 网络安全策略的定义

网络安全策略是组织为确保网络系统的保密性、完整性、可用性和可控性而采取的一系列计划、措施和管理方针。这些策略旨在防范各类网络威胁，以确保组织信息资产的安全。

2. 制定网络安全策略的步骤

（1）风险评估与分析

在制定网络安全策略之前，组织需要进行全面的风险评估与分析。这包括识别潜在的威胁、评估漏洞，以及评估对组织信息资产的潜在影响。风险评估结果将为后续制定具体策略提供可靠依据。

（2）制定网络安全政策

基于风险评估的结果，制定网络安全政策是关键的一步。这包括规定对网络和信息资产的访问控制、加密要求、身份验证规则等方面的具体政策。政策应该清晰、具体，并且能够指导组织成员在网络安全方面的行为。

（3）部署安全基础设施

网络安全基础设施是网络安全策略的支撑，包括防火墙、入侵检测与防御系统、反病毒软件、虚拟专用网络（VPN）等。组织需要投入资源，确保这些基础设施能够有效防范各类网络的攻击。

（4）员工培训与意识提升

人为因素是网络安全的薄弱环节之一。组织需要开展员工培训，提高员工的对网络安全意识。培训内容包括密码安全、社会工程学攻击防范等，确保员工成为网络安全的有效防线。

（5）定期演练与评估

网络安全策略需要定期进行演练与评估。通过模拟网络攻击、应急响应演练等方式，验证网络安全策略的有效性，并根据演练结果进行策略的调整和优化。

3. 网络安全策略的实施挑战

（1）不断演变的威胁

网络威胁在不断演变，攻击手段和方式日益复杂多变。这需要组织需要去不断更新和优化网络安全策略，以适应新兴的网络威胁。

（2）复杂的网络环境

随着组织规模的扩大和业务的复杂化，网络环境变得更加庞大和复杂。这增加了网络安全管理的难度，这需要更加细致和全面的网络安全策略。

（3）人为因素

人为因素仍然是网络安全的一个重要挑战。员工的疏忽、密码管理不当等问题都可能导致安全漏洞。组织需要在网络安全策略中加强对人为因素的考虑。

（二）网络安全技术应用

1. 防火墙技术

（1）概念与作用

防火墙是网络安全的第一道防线，用于监控和控制网络流量。它可以根据预先设定的规则，允许或阻止数据包的通过，从而保护内部网络不受未经授权的访问和攻击。

（2）技术实现

包过滤防火墙（Packet Filtering Firewall）：根据数据包的源地址、目标地址、端口等信息进行过滤。

代理防火墙（Proxy Firewall）：在客户端和服务器之间充当中间人，代理所有的网络请求，有效隐藏了内部网络的结构。

应用层防火墙（Application Layer Firewall）：在网络的应用层进行过滤，能够检测和阻止特定的应用层协议。

（3）应用场景

防火墙广泛应用于企业内部网络、数据中心、云服务等环境中。它可以阻挡大多数常见的网络攻击，保障网络的安全性。

2. 入侵检测与防御系统技术

（1）概念与作用

入侵检测与防御系统（Intrusion Detection and Prevention System，简称IDPS）是一种监控网络或系统活动的安全设备。它的作用在于检测和阻止未经授权的网络流量，识别和防范各类攻击行为，包括病毒、恶意软件、入侵等。

（2）技术实现

网络入侵检测系统（NIDS）：监测网络中的流量，检测异常行为和攻击特征。

主机入侵检测系统（HIDS）：针对单个主机，监测主机上的操作和系统日志，检测异常行为。

入侵防御系统（IPS）：不仅能够检测攻击行为，还能够主动阻止恶意流量，实现实时的入侵防御。

（3）应用场景

入侵检测与防御系统广泛应用于企业内部网络、边界防御、数据中心等环境中。它通过实时监测和分析网络流量，提供对各种潜在威胁的及时响应。

3. 虚拟专用网络技术

（1）概念与作用

虚拟专用网络（Virtual Private Network，简称 VPN）是一种通过公共网络建立私有网络连接的技术。它通过加密和隧道技术，实现安全的远程访问和数据传输，并且有效保障数据的机密性和完整性。

（2）技术实现

点对点 VPN：通过两个节点之间的直接连接建立虚拟专用网络。

远程访问 VPN：允许远程用户通过公共网络安全地访问组织内部网络资源。

站点到站点 VPN：用于连接不同地点的企业网络，实现安全的站点互联。

（3）应用场景

VPN 技术广泛应用于远程办公、分支机构连接、移动设备访问等场景。它提供了安全的网络通信方式，确保数据在传输过程中不容易遭受窃听和篡改。

4. 加密技术

（1）概念与作用

加密技术是通过对数据进行加密和解密，以确保数据在传输和存储过程中的安全性。加密技术能够有效防止信息泄露、窃听和篡改，有效保障数据的机密性。

（2）技术实现

对称加密：加密和解密使用相同的密钥，常见的算法有 AES（高级加密标准）。

非对称加密：加密和解密使用不同的密钥对，常见的算法有 RSA。

哈希函数：将数据转换为固定长度的哈希值，常用于校验数据完整性。

（3）应用场景

加密技术广泛应用于网络通信、文件传输、数据库存储等场景。它为数据提供了额外的安全层，可以保障数据在各个环节的安全性。

（三）未来发展趋势

1. 人工智能在网络安全中的应用

随着人工智能技术的不断发展，未来人工智能将在网络安全领域发挥越来越重要的作用。人工智能可以用于网络入侵检测、威胁情报分析等方面，提高网络安全的智能化水平。

2. 边缘计算安全

随着边缘计算的兴起，边缘设备的安全性成为一个新的挑战。未来网络安全将更加注重边缘计算环境下的安全策略和技术应用，保障边缘设备和数据的安全。

3. 量子安全

随着量子计算技术的进步，传统加密算法可能会面临破解的威胁。未来网络安全将更加关注量子安全技术的研发和应用，以确保网络通信的长期安全性。

4. 生物识别技术应用

生物识别技术，如指纹识别、虹膜识别等，将在身份验证和访问控制方面发挥出更大的作用。未来网络安全可能加强对生物识别技术的应用，以提高身份认证的安全性。

5. 区块链技术在网络安全中的应用

区块链技术的去中心化和不可篡改的特性使其成为一种有潜力的网络安全解决方案。未来网络安全可能会探索更多基于区块链的安全机制，以确保网络数据的完整性和可信性。

网络安全是组织和企业信息管理中至关重要的一环。通过制定合适的网络安全策略和应用先进的技术，可以有效应对不断演变的网络威胁。在制定网络安全策略时，组织需要进行全面的风险评估，明确政策，并建立有效的网络安全基础设施。网络安全策略的实施面临着不断演变的威胁、复杂的网络环境和人为因素等挑战，因此还需要定期进行演练、评估和更新。

在网络安全技术应用方面，防火墙、入侵检测与防御系统、虚拟专用网络和加密技术等已经成为组织防御网络威胁的重要工具。这些技术能够有效的保障数据的机密性、完整性和可用性。未来，随着人工智能、边缘计算、量子安全、生物识别和区块链等技术的发展，网络安全将迎来新的应用前景，将为网络安全提供更智能、更综合的解决方案。

在网络安全领域，保持对新技术的敏感性，不断学习和更新网络安全策略，以及加强对员工的培训和意识提升，都是组织确保网络安全的关键因素。跨部门合作、国际合作也将成为网络安全的重要方向，以共同应对全球范围内的网络威胁。

网络安全策略与技术应用是组织信息安全的基石，需要综合考虑风险评估、技术实施、培训和不断创新等多方面因素。只有通过全面而有效的网络安全措施，组织才能在数字化时代中保护好自身的信息资产，确保业务的正常运转和用户数据的安全。

二、数据传输与存储的安全保障

随着信息化的推进，数据在各个领域的传输与存储变得日益频繁和庞大。然而，随之而来的是数据安全将面临更多的挑战与风险。数据传输和存储的安全保障是保护信息资产不被非法获取、篡改、泄露的重要环节。下面将深入探讨数据传输与存储的安全挑战、常见威胁，以及采取的安全保障措施。

（一）数据传输的安全挑战

1. 窃听威胁

在数据传输过程中，可能受到窃听威胁，即黑客或未经授权的用户通过截获数据包，从而获取传输中的敏感信息。这种威胁可能导致机密信息的泄露，对组织和个人的隐私构成严重威胁。

2. 中间人攻击

中间人攻击是指攻击者位于通信双方之间，截获并可能修改通信内容的攻击形式。通过伪装成通信双方，攻击者能够获取敏感信息、篡改数据，甚至引导通信双方进行非法交互。

3. 数据完整性威胁

在数据传输过程中，可能面临数据完整性威胁，即数据在传输过程中就被篡改或损坏。这种威胁可能导致接收方获取到被篡改的数据，影响数据的准确性和可信度。

（二）数据传输安全保障措施

1. 加密技术

（1）概念与原理

加密技术通过对传输的数据进行加密和解密，以确保数据在传输过程中不易被窃听、篡改。加密算法包括对称加密和非对称加密。对称加密使用相同的密钥进行加解密，而非对称加密使用一对公私钥，公钥用于加密，私钥用于解密。

（2）TLS/SSL 协议

传输层安全协议（TLS）和安全套接层协议（SSL）是常用的加密通信协议。它们通过使用加密算法，提供了安全的数据传输通道。TLS 已经成为 SSL 的继任者，被广泛用于保障 Web 和其他应用层协议的安全传输。

（3）VPN 技术

虚拟专用网络（VPN）通过在公共网络上建立加密隧道，使用户在互联网上的通信变得安全。VPN 技术可以应用于远程办公、分支机构连接等场景，提供安全的数据传输通道。

2. 数字签名与认证

（1）数字签名

数字签名是一种使用私钥对信息进行加密生成的特殊摘要，可以用来验证信息的真实性和完整性。发送方使用私钥来生成数字签名，接收方使用对应的公钥进行验证，以确保数据在传输过程中未被篡改。

（2）数字证书

数字证书是由可信任的证书颁发机构（CA）颁发的，用于证明公钥的真实性的电子文件。在数据传输中，数字证书可以用于验证通信双方的身份，防止中间人攻击。

3. 安全协议与通信管控

（1）安全协议

制定安全协议是一种有效的数据传输安全保障措施。安全协议规定了通信的标准和规则，包括使用的加密算法、身份验证方式、数据传输的完整性检测等内容。常见的安全协议有 HTTPS、SFTP 等，它们在数据传输中加入了加密、认证和完整性验证的机制。

（2）访问控制与权限管理

通过访问控制和权限管理，可以限制数据传输的对象和操作。确保只有授权的用户能够访问和传输特定的数据，减少潜在的安全威胁。这可以通过身份验证、访问策略等手段来实现。

（三）数据存储的安全挑战

1. 数据泄露风险

数据存储中常见的安全挑战之一是数据泄露风险。这可能发生在未经授权的访问、存储设备丢失或被盗、存储系统漏洞等情况下。泄露的数据可能会包含敏感信息，对组织和个人带来严重的损害。

2. 数据篡改威胁

存储中的数据可能受到篡改威胁，即黑客或内部恶意人员通过操纵存储的数据，改变其内容。数据篡改可能导致信息不准确、业务失真，故而对组织的正常运作和决策产生负面影响。

3. 存储系统漏洞

存储系统本身存在漏洞也是一个安全挑战。攻击者可以利用存储系统的漏洞进行非法访问、注入恶意代码等活动，进而导致存储数据的不安全。

（四）数据存储安全保障措施

1. 数据加密

（1）数据加密技术

在数据存储中，采用数据加密技术是一种重要的安全保障手段。这可以包括对存储设备、数据库、文件等进行加密。即使存储介质遭到非法获取，加密后的数据也难以被解读。

（2）端到端加密

端到端加密确保数据在存储和传输的整个过程中都是加密的。只有数据的发送方和接收方才能够解密数据，中间任何一方都无法窃听或篡改。这为数据的终极安全提供了保障。

2. 存储访问控制

（1）身份验证与授权

通过身份验证和授权机制，限制对存储数据的访问。只有经过身份验证的用户，并且拥有足够权限的用户才能够进行数据的读写操作。这可以通过访问令牌、权限策略等手段来实现。

（2）定期审计

定期审计存储系统的访问记录，检查和监测用户的行为。审计可以发现异常的访问行为，追踪潜在的数据泄露或篡改事件，并及时采取措施进行防范。

3. 存储系统安全配置

（1）操作系统与应用安全配置

保障存储系统的安全配置是防范存储系统漏洞的关键。及时更新操作系统和应用程序，关闭不必要的服务和端口，采取硬ening措施，可以加强存储系统的抵御能力。

（2）安全备份与恢复

建立安全备份机制，可以确保存储的数据能够在发生灾难、攻击或误操作时迅速恢复。备份数据的安全性同样重要，避免备份数据成为攻击者的目标。

4. 安全审计与监控

（1）实时监控

通过实时监控存储系统的运行状态、访问日志等信息，能够及时发现存在的异常行为。实时监控可以提高对存储系统安全事件的感知能力，有助于迅速响应和处置。

（2）安全审计工具

采用安全审计工具对存储系统进行定期审计，记录和分析存储系统的活动。审计工具可以帮助发现不当的访问、异常操作等问题，可以为安全保障提供数据支持。

第四节 突发事件应急预案

一、突发事件的分类与预警

突发事件是指在一定时间内，由于自然、社会、技术等多种因素引起的，突然且严重危害人民群众生命财产安全，需要紧急处置和救援的事件。突发事件的发生可能对社会、经济、环境等多个层面产生重大影响，因此分类和预警成为突发事件管理中的重要环节。下面将深入探讨突发事件的分类方法，以及突发事件预警的概念、重要性和实施方式。

（一）突发事件的分类

突发事件可以按照不同的标准进行分类，常见的分类方法包括事件性质、影响范围、发生原因等。

1. 事件性质分类

（1）自然灾害

自然灾害是由自然界的力量引起的，如地震、洪水、台风、火山喷发等。这类事件通常都难以预测，但可以通过监测自然现象的变化提前预警。

（2）人为事故

人为事故包括工业事故、交通事故、爆炸事故等，是由人类活动引起的突发事件。这类事件通常涉及事故调查、应急处置等方面。

2. 影响范围分类

（1）局部性突发事件

局部性突发事件的影响范围相对有限，通常局限在某一地区，如一场建筑火灾或一次车辆交通事故等。

（2）区域性突发事件

区域性突发事件的影响范围扩大到一个较大的区域，可能会跨越多个城市或县，如大范围的山洪暴发或森林火灾等。

（3）全球性突发事件

全球性突发事件具有全球性的影响，如全球气候变化等。这类事件需要国际合作和全球应对策略。

3. 发生原因分类

（1）自然因素

自然因素是突发事件发生的自然原因，如地质构造、气象条件等。这类事件通常属于自然灾害，如地震、台风等。

（2）人为因素

人为因素是突发事件发生的人为原因，如工业生产事故、恐怖袭击等。这类事件通常需要事后调查和责任追究。

（二）突发事件预警的概念与重要性

1. 预警的概念

突发事件预警是在突发事件发生之前，通过各种手段和方法，向可能受到影响的人群、组织或社会发布相关信息，提醒其采取相应的防护和应对措施。预警的目的是减轻突发事件可能会造成的损失，保障人民生命安全和财产安全。

2. 预警的重要性

（1）保障生命安全

突发事件可能对人们的生命安全构成威胁，及时有效的预警可以帮助人们采取适当的避险和救援措施，最大限度地减少生命损失。

（2）降低经济损失

突发事件可能对经济造成重大损失，如自然灾害可能破坏农田、房屋，工业事故可能导致生产中断。通过预警，相关单位可以提前采取措施，降低经济损失。

（3）促进应急响应

突发事件发生后，及时的应急响应是至关重要的。通过预警，各级政府、组织和个人都可以提前做好准备，迅速响应突发事件，采取紧急措施，防止事态扩大。

（4）促进社会稳定

突发事件可能引起社会的恐慌和不安，通过预警，可以向公众传递准确的信息，防止谣言的传播，维护社会的稳定。

(三)突发事件预警的实施方式

1. 传统媒体预警

(1)电视与广播

电视与广播是传统媒体预警的主要手段之一。通过电视与广播,政府和相关机构可以向大众传递突发事件的信息,提醒公众要注意安全,同时发布相关指导和紧急通告。这种方式具有广泛的覆盖面,尤其在一些紧急情况下,能够及时传递信息。

(2)报纸与杂志

报纸与杂志也是传统媒体的一种形式,虽然相对电视与广播覆盖面较窄,但在一些地方性的突发事件中,仍然扮演着重要角色。这种方式主要通过文字报道,能够提供更为详细的信息和背景。

2. 新媒体预警

(1)网络新闻

随着互联网的发展,网络新闻成为突发事件预警的重要途径之一。通过新闻网站、社交媒体等平台,政府和相关机构可以迅速发布突发事件的最新消息,实现信息的即时传播。公众也能够通过网络随时获取到相关信息。

(2)微信公众号、APP

政府和机构可以通过建立微信公众号、APP等平台,向用户推送突发事件的实时信息和预警通知。这种方式具有个性化推送、交互性强的特点,方便用户及时获取相关信息。

3. 气象预警系统

(1)气象雷达与卫星

对自然灾害类突发事件,特别是气象相关的事件,气象雷达和卫星是预警的重要工具。通过监测大气条件、降水情况等,气象部门能够提前预测并发布相关的预警信息,以指导公众正确采取相应的防护措施。

(2)气象预警系统

建立完善的气象预警系统是突发事件管理的一项重要举措。这种系统通过集成气象数据、模型预测、实时监测等手段,能够对天气变化进行准确预测,并向公众发布相应的预警信息。

4. 短信和电话预警

政府和相关机构可以通过短信和电话向公众发送突发事件的预警信息。这种方式具有强制性，能够直接传达给用户，无须用户去自行获取，适用于一些紧急情况下需要迅速传递信息的场景。

5. 社区广播与告示

在一些较为封闭的社区、农村地区，社区广播和告示牌仍然是有效的预警手段。政府可以通过设立广播站点、设置告示牌，向社区居民发布突发事件的相关信息。

（四）突发事件预警的挑战与发展趋势

1. 预警信息的准确性

预警信息的准确性直接关系公众的安全，因此如何确保预警信息的真实、准确成为一项重要挑战。政府和相关机构需要建立健全的信息监测和验证机制，防止虚假信息的传播。

2. 预警信息的及时性

突发事件的及时预警是确保公众安全的关键。在信息传播过程中，需要克服信息传输、处理的时间延迟问题，确保预警信息能够在突发事件发生前及时传达给公众。

3. 跨区域突发事件的协同预警

一些突发事件可能跨越多个地区，需要进行协同预警。这需要建立跨区域的信息共享机制，实现不同地区预警系统之间的协同工作，从而提高应对突发事件的整体效能。

4. 多渠道、多语言的预警信息传播

随着社会的多元化和国际化，预警信息传播需要考虑不同群体的特点和语言差异。政府和机构需要通过多渠道、多语言的方式向公众发布预警信息，确保信息能够覆盖到更多的人群。

5. 智能化技术在预警中的应用

随着人工智能、大数据等技术的发展，智能化技术在突发事件预警中的应用将更为广泛。通过智能分析和预测，可以更精准地判断突发事件的发生概率，大大提高预警的效果。

6. 社会参与和公众教育

突发事件预警不仅仅是政府和机构的责任，还需要引入社会参与和公众教育。通过培养公众的防灾意识，提高其自救、互救能力，故而能够更好地应对突发事件。

突发事件预警是突发事件管理体系中的关键环节，对减小灾害损失、保障公众安全具有重要作用。通过对突发事件的分类和预警实施方式的深入探讨，我们可以更好地理解突发事件管理的复杂性和挑战性。

突发事件的分类方法多样，可以根据事件性质、影响范围、发生原因等进行细致划分。这有助于政府和相关机构更有针对性地进行预防、应对和救援。不同类别的突发事件可能需要采用不同的预警方式，因此在实施预警时需根据具体情况灵活运用各种手段。

突发事件预警的方式日益多样化，传统媒体、新媒体、气象预警系统、短信电话等多种途径构成了一个多层次、多渠道的体系。这种多元化的预警方式有助于提高公众获取信息的便捷性，同时也增加了信息传递的可靠性。

然而，突发事件预警仍然面临一系列挑战，包括信息准确性、及时性、协同性等方面的问题。为了更好地应对这些挑战，需要不断完善预警体系，引入先进技术，提高智能化水平，加强与社会的互动与教育。

未来，突发事件管理和预警系统将不断演进。随着技术的发展和社会的变迁，我们有望看到更加先进、智能的预警系统的出现。社会参与和公众教育将成为突发事件管理的重要组成部分，可以促使整个社会更好地应对突发事件，保障人民生命财产安全。突发事件的分类与预警不仅是一项学科研究，更是对社会安全的一项重要保障工作。

二、应急预案的设计与实施

应急预案是组织在面临突发事件、灾害或紧急情况时制定的一套行动计划，旨在迅速、有效地应对并减小潜在的损失。应急预案的设计与实施对组织的稳定运营、人员安全和财产保护都至关重要。下面将深入探讨应急预案的设计原则、步骤以及实施过程中的关键要点。

（一）应急预案的设计原则

1. 综合性原则

应急预案应具备综合性，要考虑各种突发事件和灾害可能发生的情况，而不仅仅是特定类型的事件。这意味着预案需要灵活、全面，能够适应不同的紧急情况，以确保在各种情况下都能够有效运作。

2. 阶段性原则

应急预案应当具备阶段性，可以根据事件的发展过程划分为不同的阶段，包括预防阶段、应对阶段和恢复阶段。每个阶段都需要有相应的应急措施和资源调配计划，以确保组织在不同阶段都能做出及时反应。

3. 可操作性原则

预案应具备可操作性，即在实际应急情况下，能够迅速、清晰地指导相关人员采取具体行动。为了实现可操作性，预案需要明确责任分工、流程步骤、沟通渠道等方面的细节，要使执行人员能够迅速理解和执行预定的应急程序。

4. 反馈与修订原则

应急预案应当建立反馈机制，定期进行演练与实际应用，需要根据实践中的反馈意见和效果来进行修订和完善。预案需要与组织的变化同步更新，以保持与实际情况的匹配度。

（二）应急预案的设计步骤

1. 制定编写应急预案

（1）成立应急预案编写团队

组建专业的应急预案编写团队，包括安全、环保、卫生、法务等相关专业领域的人员，确保应急预案的全面性和专业性。

（2）收集信息

搜集与组织相关的信息，包括组织结构、人员情况、资源分配、风险评估等。了解组织的特点和潜在风险，可以为制定应急预案提供基础数据。

（3）制订工作计划

在编写应急预案之前，制订详细的工作计划，包括任务分配、时间节点、沟通协调等方面。以确保应急预案的编写过程能够有序进行。

（4）制订应急预案

根据收集到的信息，制订应急预案的各个章节，包括预防措施、应对措施、资源调配、沟通流程等内容。要确保预案的条理清晰、逻辑严谨。

2. 审核与评估

（1）内部审核

由应急预案编写团队进行内部审核，检查预案的完整性、准确性和可操作性。要确保预案与组织的实际情况相符，不存在任何矛盾和漏洞。内部审核还应关注各相关部门的协同配合和责任划分是否清晰。

（2）外部审核

可以邀请外部专业机构或专家对应急预案进行审核，获取第三方的意见和建议。外部审核有助于发现内部可能会忽略的问题，提高预案的全面性和可靠性。

（3）评估应急演练

在审核过程中，可以组织应急演练，通过实际操作检验预案的有效性。演练可以包括模拟不同类型的突发事件、验证预案的实际运行情况、及时发现和纠正问题。

3. 培训与演练

（1）培训应急团队

对组织内的应急团队进行培训，使其熟悉应急预案的内容和操作流程。培训内容可以包括突发事件的认知、预案操作步骤、沟通协调技巧等。

（2）组织定期演练

定期组织应急演练，包括桌面演练和实地演练。桌面演练可以模拟应急情况，让团队成员在虚拟环境中熟悉操作流程；实地演练则更贴近实际情况，可以验证预案在实践中的可行性。

（3）演练反馈与改进

每次演练后，收集参与人员的反馈意见，发现问题并及时改进。演练的目的不仅是检验预案，更是为了不断完善和提高应急响应的能力。

4. 完善与修订

（1）收集反馈意见

在实际应急事件中，需要收集应急团队成员的反馈意见，了解实际操作中遇到的问题和困难。

（2）修订应急预案

根据实际反馈意见和演练情况，及时修订应急预案。修订可能涉及组织结构的调整、资源的更新、流程的优化等方面。

（3）定期复审

定期复审应急预案，确保其与组织的发展和变化同步。复审时应考虑外部环境的变化、法规政策的更新等因素，及时调整预案内容。

（三）应急预案的实施关键要点

1. 指挥体系建设

建立清晰的应急指挥体系是应急预案实施的关键。明确各级指挥人员的职责和权限，以确保信息流畅、指挥有序，提高应对突发事件的效率。

2. 沟通与协调机制

在应急情况下，沟通与协调至关重要。建立多渠道、高效率的沟通机制，可以确保各相关部门之间能够迅速、准确地传递信息，实现协同作战。

3. 资源调配与供应保障

明确资源调配的流程和机制，可以确保在应急情况下能够及时调动和分配必要的物资和人力资源。建立供应保障机制，可以确保关键资源的及时供应。

4. 信息收集与分析能力

提高信息收集和分析的能力，及时获取有关突发事件的各类信息，可以为决策提供有力支持。要利用现代技术手段，如大数据分析、人工智能等，加强对信息的深度挖掘。

5. 公众教育与培训

加强公众教育，可以提高广大员工和社区居民的突发事件应对意识和自救互救能力。定期组织应急培训，可以确保相关人员熟悉应急预案的操作步骤。

6. 应急设备和基础设施建设

确保应急设备和基础设施的完备性，包括紧急通信设备、应急供电系统、医疗救护设备等。建立健全的设备维护和检修制度，可以确保设备在需要时能够正常运行。

应急预案的设计与实施是组织应对突发事件、灾害和紧急情况的基础工作。通过遵循设计原则、依次执行设计步骤，组织能够建立健全、高效的应急体系，提高对突发事件的应对能力。在实施过程中，关键要点如指挥体系建设、沟通与协调机制、资源调配与供应保障等方面需要特别关注，以确保在实际应急情况下能够做出迅速而有效的响应。

应急预案的实施需要全员参与其中，不仅包括组织内部各级管理人员，还包括广大员工和社区居民。公众教育和培训是提高整体应急响应能力的重要环节，通过培养应对突发事件的意识和技能，可以更好地保护人民的生命财产安全。

随着社会的发展和变化，突发事件的种类和形式也在不断演变。应急预案的不断修订和更新是保持其有效性的关键。定期的内部审核、外部审核以及实际应急演练都是发现问题、改进和提高应急预案的相关途径。

应急预案的设计与实施是一项复杂而系统的工作，需要组织全面的协同努力。通过遵循设计原则、执行设计步骤、关注实施关键要点，组织能够建立起强大的应急响应体系，提高对突发事件的适应性和抗风险能力。在不断改进和完善的过程中，我们可以更加有效地保障人民生命财产安全，维护社会的稳定与安宁。

第五节　信息安全文化建设

一、安全意识培训与教育

安全意识培训与教育是组织中至关重要的一项工作，旨在提高员工、管理层和其他相关人员对安全问题的认知水平，培养正确的安全意识和行为习惯。通过有效的培训与教育，可以降低事故发生的可能性，提升整体安全防范能力。下面将深入探讨安全意识培训与教育的重要性、设计原则、实施步骤以及评估与改进策略。

（一）安全意识培训与教育的重要性

1. 人为因素在事故中的作用

事故的发生往往与人为因素密不可分，如疏忽大意、操作失误、安全意识淡漠等原因。通过安全意识培训与教育，可以有效降低人为因素引发事故的概率，提高员工的安全素养。

2. 组织安全文化的建设

安全意识培训与教育是构建良好组织安全文化的基础。通过培训，可以使员工深刻理解组织对安全的重视，达成共识，形成一种共同的安全价值观和行为准则。

3. 法规合规要求

不同的国家和地区对企业的安全管理提出了一系列的法规和合规要求。通过安全意识培训与教育，可以使员工了解并遵守相关法规，确保组织在法律框架内正常运营。

4. 事故成本的降低

事故发生后的处理成本通常远高于事前的预防成本。通过提高员工的安全意识，降低事故发生的概率，可以有效减少因事故而导致的直接和间接成本，保障组织的可持续发展。

（二）安全意识培训与教育的设计原则

1. 针对性原则

安全意识培训与教育应当根据组织的具体特点、行业特性和员工的工作内容来制定具体的培训方案。针对性原则要求培训内容与员工实际工作密切相关，以确保培训的实效性。

2. 全员参与原则

安全是全员共同关心的事项，安全意识培训应当覆盖组织内的所有成员，包括管理层、员工、合作伙伴等。全员参与原则有助于形成整体的安全文化，共同维护组织的安全稳定。

3. 阶段性原则

安全意识培训应当具有阶段性，可以根据员工的工作年限、岗位变化等因素划分不同阶段的培训内容。新员工培训、在职员工定期培训和特定岗位培训等阶段性培训要求，以确保员工在不同阶段都能得到必要的安全知识。

4. 实战性原则

培训应当具有实战性，通过模拟事故场景、案例分析等方式，让员工能够在实际操作中掌握安全知识和应对能力。实战性培训可以更好地激发起学员的学习兴趣，加深对安全知识的理解，使培训效果更为显著。

5. 持续性原则

安全意识培训不应是一次性的活动，而是需要持续进行的过程。持续性原则强调通过定期的培训和更新，确保员工始终保持对安全问题的高度警惕和敏感性。新的安全知识、技能和法规要求需要不断纳入培训计划，能够使员工时刻保持对最新安全信息的了解。

（三）安全意识培训与教育的实施步骤

1. 制订培训计划

在制订培训计划时，需要明确培训的目标、内容、对象、时间等方面的要求。可以根据组织的实际情况和员工的需求，制定订有针对性的培训计划，确保培训的有效性。

2. 选择培训形式

安全意识培训可以采用多种形式，包括课堂培训、在线培训、实地演练、案例分析等。选择培训形式时需要考虑培训内容的特点、员工的工作特点以及组织的实际情况，以提高培训的实效性。

3. 开展培训活动

根据培训计划和选择的培训形式，开展相应的培训活动。培训内容可以涵盖安全知识普及、事故案例分析、应急处理流程演练等方面。在培训中，要注重与员工互动，强化培训效果。

4. 培训资源的整合

整合培训资源，包括培训资料、讲师团队、培训场地等。确保培训资源的充足和有效利用，可以为培训活动提供有力支持。

5. 设立培训评估机制

建立培训评估机制，通过考试、问卷调查、实际操作等方式对培训效果进行科学评估。评估结果反馈可以帮助组织了解培训的优缺点，及时调整培训方案，提高培训的质量。

6. 持续改进

根据培训评估结果和员工的反馈，进行培训方案的持续改进。不断优化培训内容、形式和方法，能够确保培训一直满足组织和员工的需求。

（四）安全意识培训与教育的评估与改进策略

1. 定期评估

要定期对安全意识培训与教育进行全面的评估，其中包括培训效果、参与度、员工反馈等方面。通过定期评估，可以发现问题并及时调整培训方案，确保培训一直保持良好的效果。

2. 员工反馈收集

积极收集员工对安全培训的反馈意见，包括对培训内容的理解程度、培训形式的满意度、对实际工作的应用程度等方面。员工的反馈是改进培训的重要依据，有助于更好地满足员工的学习需求。

3. 案例分析与经验总结

对过去的安全事故进行案例分析，总结事故发生的原因和教训。通过案例分析，能够更形象地向员工展示安全问题的严重性，增强他们对安全培训的重视程度。

4. 利用技术手段

结合现代技术手段，如在线培训平台、移动学习应用等，可以提高培训的便捷性和灵活性。通过技术手段，可以实现培训资源的更好整合和管理，提高培训的效果。

5. 定期更新培训内容

安全领域的知识和技术日新月异，因此安全意识培训的内容也需要定期更新。需要结合最新的安全法规、技术标准等，及时调整培训内容，以确保培训的及时性和前瞻性。

安全意识培训与教育是组织安全管理体系中的重要组成部分，对降低事故风险、构建良好安全文化具有重要意义。通过制订有针对性的培训计划、选择合适的培训形式、持续开展培训活动，组织能够更好地提高员工的安全意识和应对能力。在培训过程中，针对性、全员参与、阶段性、实战性、持续性等设计原则的遵循是确保培训效果的重要保障。

二、数据安全文化的塑造

随着信息技术的飞速发展，数据在组织中的重要性日益凸显，而数据安全问题也成为各个组织亟须解决的重要挑战。为了有效应对数据泄露、信息安全威胁等问题，组织需要着力塑造数据安全文化。下面将深入探讨数据安全文化的概念、重要性、塑造原则和实施策略。

（一）数据安全文化概述

1. 数据安全文化定义

数据安全文化是指在组织内部建立的一种共同的、深入人心的价值观和行为准则，旨在使所有成员都能够认识到数据安全的重要性，并在工作和生活中始终保持对数据安全的高度警觉和积极行为。

2. 数据安全文化的核心要素

（1）意识与认知

数据安全文化的核心在于个体对数据安全的意识和认知。每个组织成员都应当深刻理解数据的价值，以及数据泄露可能带来的风险。只有具备正确的数据安全认知，才能在行为上真正做到谨慎、负责。

（2）行为规范

数据安全文化需要制定相应的行为规范，明确每个成员在处理数据时应当遵循的准则。这包括数据的收集、存储、传输、处理等各个环节，要求成员始终遵循最佳的数据安全实践。

（3）沟通与协作

沟通与协作是数据安全文化的关键要素。组织成员之间需要建立积极的信息沟通渠道，分享有关数据安全的信息和经验。协作可以在团队中形成共同的数据安全态度，增强整体的数据安全防护力量。

（4）持续学习

由于数据安全领域的知识日新月异，持续学习成为数据安全文化的重要组成部分。组织应当鼓励成员积极参与相关培训和学习活动，保持对新兴威胁和防护技术的了解。

3. 数据安全文化与组织文化的关系

数据安全文化和组织文化相互关联，但又有着自己的独立特征。组织文化是指在组织中形成的一种共同的、固化的价值观、信仰和规范，而数据安全文化是组织文化的一个重要方面，强调在信息化时代对数据安全的高度关注和防护。

（二）数据安全文化的重要性

1. 数据安全风险的不断增加

随着技术的进步，数据安全风险也在不断增加。黑客攻击、病毒传播、内部泄露等威胁层出不穷，组织如果没有良好的数据安全文化，将难以有效抵御这些风险。

2. 法规合规的要求

随着数据安全问题的凸显，各国纷纷制定了一系列的法规和合规要求，对组织的数据安全提出了更高的要求。建立健全的数据安全文化有助于组织更好地履行法规合规的责任。

3. 组织声誉和客户信任

数据泄露或安全事件不仅会对组织的声誉造成巨大影响，还可能失去客户的信任。通过塑造良好的数据安全文化，可以提高组织对外的形象和客户的信任度。

4. 内部管理效率提升

建立了健全的数据安全文化后，组织内部的数据管理将更为规范和高效。员工在日常工作中将更加注重数据的合理使用和保护，进而可以提高整体数据的管理效率。

（三）数据安全文化的塑造原则

1. 领导层的示范与支持

组织的领导层在数据安全文化的塑造中起着关键作用。领导层应该在日常工作中展示出对数据安全的高度重视,成为组织内部数据安全文化的引领者。领导层的支持包括提供足够的资源用于数据安全培训、制定明确的数据安全政策以及对违反安全规定的行为进行及时而有力的处罚。

2. 制定明确的数据安全政策

组织需要制定明确的数据安全政策,规范组织成员在处理数据时应当遵循的准则。这些政策应当涵盖数据的收集、存储、传输、处理等方方面面,明确责任人,并对违规行为制定明确的处罚和奖励措施。

3. 培训与教育

组织需要定期进行数据安全培训与教育,以确保每位成员都能够理解数据安全的重要性,并掌握相应的安全知识和技能。培训内容应当包括最新的安全威胁、防护技术和法规合规要求。

4. 沟通与协作

建立积极的信息沟通渠道和协作机制,使组织成员能够自由地分享数据安全方面的信息和经验。通过沟通与协作,可以形成共同的数据安全态度,增强整体的数据安全文化。

5. 设立奖励机制

建立奖励机制,激励组织成员积极参与数据安全工作。这可以包括表彰遵守数据安全规定的员工,设立数据安全相关的绩效考核等。奖励机制有助于树立积极向上的数据安全文化。

6. 持续改进

数据安全文化的塑造是一个持续改进的过程。组织应当定期评估数据安全文化的实际情况,收集反馈意见,发现问题并及时调整相关策略和政策,以确保数据安全文化的不断提升。

(四)数据安全文化的实施策略

1. 整合安全技术与流程

数据安全文化的建设需要综合考虑安全技术和流程的整合。组织应当采用先进的安全技术手段,并结合规范的流程,从而确保数据在各个环节都能够得到有效的保护。

2. 制订应急响应计划

建立完善的应急响应计划，以便在发生数据安全事件时能够迅速、有效地应对。计划应当包括明确的责任分工、沟通流程、数据备份和恢复等关键要素。

3. 强化监测与审计

加强对数据使用的监测和审计，通过技术手段确保数据的合法、合规和安全使用。监测与审计可以发现潜在的安全隐患，及时采取措施进行修复。

4. 强化员工参与感

让员工在数据安全工作中有更强的参与感，让他们意识到每个人都是数据安全的守护者。可以通过开展数据安全意识竞赛、组织员工参与制定相关政策等方式，增强员工的安全责任感。

5. 制定数据分类和标记制度

建立数据分类和标记制度，可以根据数据的敏感程度进行分类，并对不同级别的数据进行明确的标记。这有助于组织成员更好地理解和遵循数据安全政策。

（五）评估与改进

1. 定期评估

定期对数据安全文化进行全面的评估，包括领导层的示范与支持、政策的制定与执行、培训与教育的效果等方面。通过评估，发现问题并及时调整相关策略，以确保数据安全文化的健康发展。

2. 员工反馈收集

积极收集员工对数据安全文化的反馈意见，包括对政策的理解程度、培训的满意度、安全意识的提升程度等方面。员工的反馈是改进数据安全文化的重要有效依据，有助于更好地满足员工的需求。

3. 持续改进

根据评估结果和员工的反馈，进行数据安全文化的持续改进。不断优化相关策略、政策和流程，以确保数据安全文化能够适应组织和员工不断变化的需求。

数据安全文化的塑造对组织来说至关重要。通过领导层的示范与支持、制定明确的政策、培训与教育、沟通与协作等手段，组织能够建立积极向上的数据安全文化，从而提高组织对数据安全的整体抵抗力。数据安全文化的建设不仅仅是技术手段的问题，更是一种组织文化的构建和价值观的建立。

在当前信息化时代，数据的泄露和滥用问题对组织造成的损失可能是不可估量的。组织不仅仅需要关注技术层面的数据安全措施，还需要注重在文化层面树立正确的数据安全理念。只有在组织内形成了浓厚的数据安全文化，才能够从根本上防范各类数据安全风险。

建立和强化数据安全文化需要一个渐进的过程，还需要组织的不断投入和努力。领导层要有长期的决心和战略规划，同时要引导员工深刻认识到数据安全对整个组织的重要性。只有在组织内形成对数据安全的共识，才能让每个成员都自觉践行数据安全的理念，才能真正实现全员参与、全员负责的数据安全文化。

需要强调的是数据安全文化的塑造是一个不断发展的过程。在技术、法规和威胁不断变化的情况下，组织需要时刻保持对数据安全文化的关注和更新，并不断完善和提升，以适应日新月异的信息安全环境。

通过全面深入的数据安全文化建设，组织将更好地应对各类数据安全挑战，提高数据的保密性、完整性和可用性，最终实现组织整体安全水平的提升。

参考文献

[1] 陶媛，秦利波.教育信息化背景下高校教育管理的体系建设研究[J].高校后勤研究，2018(10):3.

[2] 梁既.教育信息化背景下高校教务管理模式创新探究[J].教育信息化论坛，2021(4):2.

[3] 孙明晨.教育信息化背景下高校学生管理创新研究[J].中文科技期刊数据库(全文版)教育科学，2021(9):1.

[4] 杨晨."互联网+"背景下高校完善教学管理信息化建设的研究[J].中文科技期刊数据库(全文版)教育科学，2022(8):4.

[5] 王诚."互联网+"背景下高校完善教学管理信息化建设研究[J].中文科技期刊数据库(全文版)教育科学，2022(6):3.

[6] 赵海燕，韩朝，张天辉.教育信息化背景下高校行政管理创新对策研究[J].中文科技期刊数据库(全文版)教育科学，2022(4):3.

[7] 张鹏程，金淼，吴文文.教育信息化背景下高校学生管理模式创新性研究[J].职业教育，2022(23):2.

[8] 殷新.大数据背景下高校教育管理信息化建设探索与思考：评《教育管理学：理论·研究·实践(第7版)》[J].中国教育学刊，2021(11):1.

[9] 姚琳.教育信息化背景下高校教育管理体制创新实践研究：评《高校教育创新及其管理体系的建设》[J].科技管理研究，2021.

[10] 杨军.大数据背景下高校教育管理信息化创新路径研究：评《基于大数据的高校教育管理研究》[J].科研管理，2020，41(10):1.

[11] 刘星.大数据背景下高校教育管理信息化建设探索与思考[J].江苏科技信息，2017(33):3.

[12] 解咏晋.教育信息化背景下高校档案信息化管理建设研究[J].知识经济，2016(4):2.

[13] 楼峥. 大数据背景下高校学生管理信息化研究 [J]. 教育界：高等教育, 2015(7):1.

[14] 肖阳, 李俊源. 基于信息化背景的高校教学管理研究 [J]. 教育信息化, 2005(10S):2.

[15] 郭芳晴. 教育信息化背景下高校学生事务管理创新研究 [D]. 武汉：华中师范大学 [2023-06-29].

[16] 银海强. 高校教学管理信息化的战略思考 [J]. 黑龙江高教研究, 2006(10):3.

[17] 单耀军. 大数据背景下高校学生管理信息化研究 [J]. 教育与职业, 2014(23):3.

[18] 强乐颖, 马军强. 教育信息化背景下高校管理人员创新理念与能力研究 [J]. 教育信息化论坛, 2022(7):3.

[19] 李雅婷. 教育信息化背景下高校民主管理工作对策研究 [J]. 中国管理信息化, 2017(22):2.

[20] 王秀景. 教育信息化背景下高校学生网格化管理的研究与实践 [C]. 2019.

[21] 冯陈芙. 教育信息化背景下高校教材管理运行机制探究 [J]. 微计算机信息, 2021 (4):115-117.